石油钻探企业
钻井队现场 HSE 检查表

中国石油天然气集团公司质量安全环保部 编

石油工业出版社

内 容 提 要

HSE检查表是检查人员履行安全检查职责的凭证。本书内容包括综合HSE检查表、部分钻井队岗位HSE检查表、专项HSE检查表和专业HSE检查表四个方面，结合钻井现场实际，实用性和可操作性较强，可作为钻井现场检查的依据，也可作为石油钻探企业编制检查表时的参考。本书适合石油钻探企业管理人员、技术人员和操作员工使用。

图书在版编目(CIP)数据

石油钻探企业钻井队现场HSE检查表/中国石油天然气集团公司质量安全环保部编．—北京：石油工业出版社，2017.12

ISBN 978-7-5183-2280-0

Ⅰ．①石⋯ Ⅱ．①中⋯ Ⅲ．①油气钻井–石油企业–工业企业管理–中国 Ⅳ．①F426.22

中国版本图书馆CIP数据核字(2017)第285734号

出版发行：石油工业出版社有限公司

（北京朝阳区安定门外安华里2区1号　100011）

网　　址：www.petropub.com

编辑部：(010)64222430

图书营销中心：(010)64523633

经　　销：全国新华书店

印　　刷：北京中石油彩色印刷有限责任公司

2017年12月第1版　2017年12月第1次印刷

787毫米×1092毫米　开本：1/16　印张：26.75

字数：540千字

定价：120.00元

(如出现印装质量问题，我社图书营销中心负责调换)

版权所有，翻印必究

《石油钻探企业钻井队现场 HSE 检查表》
编委会

主　　编：徐非凡　川庆钻探工程有限公司长庆钻井总公司
副 主 编：李建林　川庆钻探工程有限公司质量安全环保处
　　　　　李雪岗　川庆钻探工程有限公司长庆钻井总公司
　　　　　李守泉　川庆钻探工程有限公司长庆钻井总公司
编写人员：海鹏飞　川庆钻探工程有限公司长庆钻井总公司
　　　　　王　勇　川庆钻探工程有限公司长庆钻井总公司
　　　　　韩红卫　川庆钻探工程有限公司长庆钻井总公司
　　　　　李　阳　川庆钻探工程有限公司长庆钻井总公司
　　　　　谢　敬　川庆钻探工程有限公司长庆钻井总公司
　　　　　靳　宇　川庆钻探工程有限公司长庆钻井总公司
　　　　　刘希宏　川庆钻探工程有限公司长庆钻井总公司
　　　　　徐智锋　川庆钻探工程有限公司长庆钻井总公司
　　　　　刘思远　川庆钻探工程有限公司长庆钻井总公司
　　　　　李富平　川庆钻探工程有限公司长庆钻井总公司
　　　　　许园园　川庆钻探工程有限公司长庆钻井总公司
　　　　　马　骏　川庆钻探工程有限公司长庆钻井总公司
　　　　　骆颖龙　川庆钻探工程有限公司长庆钻井总公司

前 言

  HSE 检查表是检查人员履行安全检查职责的凭证，应用 HSE 检查表有利于落实岗位职责，便于分清责任；能避免 HSE 检查流于形式，使检查人员能够根据预定的目的实施检查，发现和查明各种问题和隐患，避免遗漏和疏忽；能够引导员工遵守安全纪律，提高安全意识，掌握安全知识，形成全员管安全的局面。根据不同的岗位、专业和具体要求编制完善相应的 HSE 检查表，可以实现 HSE 检查的标准化和规范化。

  目前，钻井队运用的部分 HSE 检查表内容描述不清，使用"符合要求"、"满足要求"等模糊用语，没有给出量化标准，没有明确检查方法，不便于检查人员现场检查；部分 HSE 检查表的检查内容没有抓住要害，没有突出关键设备设施；没有专门的设备启动前 HSE 检查表、关键设备 HSE 检查表、作业前 HSE 检查表和专项 HSE 检查表，急需进行补充。

  本书由中国石油天然气集团公司质量安全环保部组织，由中国石油川庆钻探工程有限公司长庆钻井总公司编写。按照项目齐全具体、抓住要害、突出重点的原则，本书所列的 HSE 检查表中适量插入了有关检查内容的图片，明确了目视检查、动手检查、异常响声检查、使用工具检查、使用仪器检查等五种检查方法，图文并茂，能够帮助检查人员正确理解检查内容，照图检查，提升检查质量。HSE 检查表中每项检查内容大都给出了量化标准，尽力避免了"符合要求"、"满足要求"等模糊字眼。本书内容包括综合 HSE 检查表、部分钻井队岗位 HSE 检查表、专项 HSE 检查表和专业 HSE 检查表四个方面，结合钻井现场实际，实用性和可操作性较强，可作为钻井现场检查的依据，也可作为钻探企业编制 HSE 检查表的参考，希望能给读者提供借鉴。

  本书在编写过程中，得到了中国石油川庆钻探工程有限公司领导和专家的指导，同时得到了中国石油安全环保研究院多位专家的支持，在此一并表示感谢。

  由于水平有限，书中疏漏和错误在所难免，敬请读者批评指正。

编 者

2017 年 10 月

目 录

第一章 HSE 检查表综述 …………………………………………………… 1

第一节　HSE 检查表的定义 ……………………………………… 3
第二节　HSE 检查表的编制原则和依据 ………………………… 3
第三节　HSE 检查表的编制步骤 ………………………………… 4
第四节　HSE 检查表的管理 ……………………………………… 5
第五节　HSE 检查表的结构 ……………………………………… 5
第六节　HSE 检查方式图例 ……………………………………… 6

第二章 综合 HSE 检查表 ………………………………………………… 7

第一节　一开验收 HSE 检查表 …………………………………… 9
第二节　井控验收 HSE 检查表 …………………………………… 57

第三章 岗位 HSE 检查表 ………………………………………………… 77

第一节　岗位交接班 HSE 检查表 ………………………………… 79
第二节　岗位周 HSE 检查表 ……………………………………… 298

第四章 专项 HSE 检查表 ………………………………………………… 339

第一节　关键设备设施 HSE 检查表 ……………………………… 341
第二节　设备启动前 HSE 检查表 ………………………………… 363

第三节　作业前 HSE 检查表 …………………………………………… 376

第五章
专业 HSE 检查表　393

第一节　消防 HSE 检查表 ………………………………………………… 395
第二节　井控 HSE 检查表 ………………………………………………… 400
第三节　危化品 HSE 检查表 ……………………………………………… 408
第四节　防洪防汛 HSE 检查表 …………………………………………… 410
第五节　用电 HSE 检查表 ………………………………………………… 414

第一章

HSE 检查表综述

第一节 HSE 检查表的定义

广义的 HSE（健康安全环境）检查表是指为检查某一系统、设备以及操作管理和组织措施中的不安全因素，事先对检查对象加以剖析、分解，查明问题所在，并根据理论知识、实践经验、有关标准、规范和事故信息等确定检查的项目和要点，将检查项目和要点按系统编制成表，在设计或检查时，按规定项目进行检查和评价。

狭义的 HSE 检查表是指岗位 HSE 检查表，是对施工作业现场设备、设施等的安全状态进行检查与管理，即岗位员工按照 HSE 检查表规定的巡回检查路线和检查内容，检查本岗位所使用或管理的设备、设施等的安全情况，从而达到对物的不安全状态控制。岗位 HSE 检查表是在现场施工过程中实施检查的工具，涵盖指导书和计划书的主要检查要求和检查内容，根据施工作业现场具体情况，实现精心设计的一套与"两书"（HSE 作业指导书、HSE 作业计划书）要求相对应的 HSE 检查表格。

HSE 检查表属于 HSE 管理体系中的作业文件层次。

HSE 检查表一般由序号、检查项目、检查依据、检查结果和备注等内容组成。

第二节 HSE 检查表的编制原则和依据

一、HSE 检查表的编制原则

HSE 检查表的编制应遵循以下原则：

（1）HSE 检查表的编制应注重于安全检查之用。

（2）HSE 检查表的编制应系统、完整。

（3）HSE 检查表的项目应齐全、具体、明确，突出重点，抓住要害，并规定检查方法和标准。

二、HSE 检查表的编制依据

编制 HSE 检查表应遵循以下依据：

（1）HSE 检查表的内容应明确，检查依据要准确。

（2）HSE 检查表的内容应满足本单位 HSE 体系的要求。

（3）HSE 检查表应依据相关的法律、法规、标准、规范、安全管理规章制度、岗位标准作业程序、工艺技术文件及国内外同行业发生的典型事故等。

第三节　HSE 检查表的编制步骤

HSE 检查表的编制步骤如下：

第一步，成立编制小组。HSE 检查表的编制由基层单位安全主管领导牵头，成立由工程技术人员、各类管理人员、班组长、岗位操作人员组成的 HSE 检查表编制小组。

第二步，搜集制度、标准。搜集相关的安全生产规章制度、岗位操作规程、岗位安全操作规程、工艺技术文件资料等。

第三步，确定检查项目。按照具有共有有害因素的子系统、装置、设备设施作为基本单元的原则，把检查对象划分为 3～7 个部分，每个部分作为 HSE 检查表的检查项目。

第四步，确定检查内容。针对每个检查项目进行危害因素识别，列出影响系统的危险因素，对危险性和危害性进行定性、定量分析，确定系统的危险有害因素及其危险危害程度，针对主要危险有害因素及其可能产生的后果提出对策，此内容即为检查内容。对设备、设施类的检查项目，可将相关的标准、技术要求、制度规程、安全附件、关键部位、检维修保养记录、本类设备事故控制措施等内容，作为该检查项目的检查内容。

第五步，确定检查依据。检查内容中的每个条款所依据的法律、法规、标准、规章制度作为该条款的检查依据。

第六步，审查审批使用。HSE 检查表编制完成后，经基层单位安全主管领导审查，报上级主管部门审批，审批通过后方可使用。

第四节　HSE 检查表的管理

每年应对 HSE 检查表进行评审，根据评审结果对检查项目和检查内容进行修订、完善、发布。

应根据生产工艺改造、设备更新，对 HSE 检查表修改、补充、完善。

引用标准、制度发生改变，应及时修订。

应根据事故情况，及时修订 HSE 检查表。

应对 HSE 检查表的数据进行统计分析，提出改进系统的结论。

第五节　HSE 检查表的结构

将 HSE 检查表结构进行了统一，由序号、检查项目（部位）、图示、检查方式、检查内容、检查结果六部分组成。HSE 检查表结构格式见表 1-1。

表 1-1　HSE 检查表结构格式

序号	检查项目（部位）	图示	检查方式	检查内容	检查结果

第六节　HSE 检查方式图例

正常情况下，确定几种 HSE 检查方式图例，如图 1-1 所示。

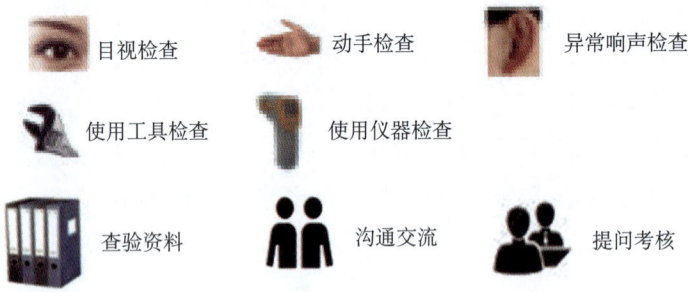

图 1-1　HSE 检查方式图例

第二章

综合 HSE 检查表

第一节 一开验收 HSE 检查表

凡经拆迁、重新安装的钻井队，一开钻井前必须组织开钻验收。钻井队在安装结束后、申请验收前必须组织骨干人员对照《一开验收 HSE 检查表》逐项自查并整改，确认具备开钻条件后，提出开钻验收申请。钻井队一开验收申报条件包括：工程、地质设计已到位并完成交底；单井 HSE 作业计划书审批并交底；设备和安全设施安装、调试、运转正常，灵活可靠；冬防保温或防洪防汛物资、设备、措施到位；一开、二开材料到井，一开钻井液已经配好；标准化站队建设达到要求；各专业服务队伍、各岗位人员到位，证件齐全；水电供给正常，通信顺畅。具备一开验收条件后，在一般情况下由钻井队提前一天申报，项目部（分公司）成立专门的一开验收组，组长应由项目部（分公司）生产安全副经理担任，成员应由所属安全、生产、技术、设备等办公室专业人员组成。验收人员对照《一开验收 HSE 检查表》，逐项进行验收，并填写验收结论。经验收合格的，验收组签发书面开钻令后方可开钻。将钻井现场划分为警示教育区、场地区、钻台区等十二个区域，本书中的《一开验收 HSE 检查表》（见表 2-1）将检查内容按照钻井现场区域划分为十二个部分，便于验收人员检查。

表 2-1 一开验收 HSE 检查表

序号	检查项目（部位）	图示	检查方法	检查项点	验收单位（人员）	验收结论（在对应的□中打"√"）
1	警示教育区			①井场大门入口处设置"四牌一图"，依次分别为"施工公告"、"主要风险告知"、"井场布局及逃生示意图"、"集团公司反违章禁令及公司保命条款"、"井场人员集合卡"	质量安全环保办公室/副队长	

续表

序号	检查项目（部位）	图示	检查方法	检查项点	验收单位（人员）	验收结论（在对应的□中打"√"）
2				①井场大门为双开式简易大门或横杆式大门，净宽不低于4.5m，门柱喷绘"奉献能源，创造和谐"和"攻坚克难，争创一流"。②大门上设置"禁止非工作人员入内"、"禁止酒后上岗"、"禁止烟火"、"禁止将手机、火种带入井场"、"必须穿工作服"、"必须穿防护鞋"	质量安全环保办公室/副队长	
3	警示教育区			①大门入口处应设置防火罩、火种箱	质量安全环保办公室/副队长	
4				①在井场入口、钻台、振动筛、远控房、后场处各设置1个风向标	质量安全环保办公室/副队长	
5				①班前班后会记录、交接班记录、HSE周检查、干部值班记录等各种HSE记录资料配备齐全	质量安全环保办公室/副队长	
6				①向全员进行了作业计划书交底，签字无漏人	质量安全环保办公室/副队长	

续表

序号	检查项目（部位）	图示	检查方法	检查项点	验收单位（人员）	验收结论（在对应的□中打"√"）
7	警示教育区			①与相关方人员签订了HSE管理协议	质量安全环保办公室/副队长	
8				①井场边坡不足10m时，坡度比为1:0.4；超过10m时结合地质条件综合考虑	生产协调办公室/副队长	
9	钻具与场地区域			①崖坡高度每超过10m，加留一处平台，宽度≥1m	生产协调办公室/副队长	
10				①井场水平高差不超过0.5m（井场长、宽每10m，水平高差不超过0.1m）	生产协调办公室/副队长	
11				①井架、机泵房地面水平高差不超过0.14m，且稍高于四周，形成1%～2%的坡度，利于排水	生产协调办公室/副队长	

续表

序号	检查项目（部位）	图示	检查方法	检查项点	验收单位（人员）	验收结论（在对应的□中打"√"）
12	钻具与场地区域		目视	①平坦地段钻前道路路基宽度≥7m，有效路面≥6m。②山区钻前道路路基宽度≥6m，有效路面≥5m。转弯处曲率半径≥18m，路面宽度≥8m	生产协调办公室/副队长	
13			目视	①汛期对于连续下坡道路，必须用机具推挖设置泄洪渠，同时做好车辆通行后的维护工作	生产协调办公室/副队长	
14			目视	①井场内无高压线，且井口与高压线直线距离≥70m	生产协调办公室/副队长	
15			目视	①井场外围设备设施摆放位置与崖、沟等易坍塌、滑落区域距离≥6m	生产协调办公室/副队长	
16			目视	①管具排列整齐，无混放，排列≤3层，管排架两端有专用挡销或挡杆。②管排架与钻台梯子距离≥3m。③配置抬排钻具助力器④配置套管螺纹保护器上卸扳手⑤配置清洗套管夹	质量安全环保办公室/副队长	

续表

序号	检查项目（部位）	图示	检查方法	检查项点	验收单位（人员）	验收结论（在对应的□中打"√"）
16	钻具与场地区域		👁	①管具排列整齐，无混放，排列≤3层，管排架两端有专用挡销或挡杆。②管排架与钻台梯子距离≥3m。③配置抬排钻具助力器。④配置套管螺纹保护器上卸扳手。⑤配置清洗套管夹	质量安全环保办公室/副队长	
17			👁	①管具内、外螺纹下方应铺设防渗布	质量安全环保办公室/副队长	
18			👁	①管具区用5cm宽警示带和1.2～1.5m高警示杆隔离	质量安全环保办公室/副队长	
19			👁	①大门坡道两侧设置"严禁在钻具上行走"、"吊装作业严禁穿行"等安全标识牌。②大门坡道下端要有保险绳与猫道连接	质量安全环保办公室/副队长	
20			👁	①钻杆猫道（滑道）安装规范，连接牢固	质量安全环保办公室/副队长	

续表

序号	检查项目（部位）	图示	检查方法	检查项点	验收单位（人员）	验收结论（在对应的□中打"√"）
21	钻具与场地区域		👁	①二层台逃生装置导向绳与地面夹角在30°～75°范围之内。②两地锚间距4m，旋入地下1.5m，露出地面部分＜10cm。③腰钩高于1m，落脚点设置1m×1m×0.2m缓冲沙或软垫，在2m范围内应保持平整，无石头、树桩等异物，严禁设置在临悬崖、坎坡、池边等不利于逃生的地点	质量安全环保办公室/副队长	
22			👁	①大门坡道背面应设置挂钩和悬挂钻具提丝，其中钻杆提丝用蓝色标识，钻铤提丝用绿色标识	技术管理与服务办公室/工程技术员	
23			👁	①井场内设A、B两个紧急集合点，逃生路线用绿色箭头标识	生产协调办公室/副队长	
24			👁	①按规定进行了工程设计交底	技术管理与服务办公室/工程技术员	
25			👁	有邻井资料。有施工技术措施。丛式井有老井施工测斜数据。有实际丈量的新老井井距。丛式井有防碰图	技术管理与服务办公室/工程技术员	

续表

序号	检查项目（部位）	图示	检查方法	检查项点	验收单位（人员）	验收结论（在对应的□中打"√"）
26	钻具与场地区域			①导管、表层套管、钻头、螺杆、测斜仪器、钻具，②打捞工具及各种配合接头、井下工具、钻井液材料等满足开钻要求	技术管理与服务办公室/工程技术员	
27				①工具架摆放于井架左侧场地处，工具架上粘贴工具清单。②配备短套管、扶正器放置提篮	质量安全环保办公室/副队长	
28				①所有设备设施应在显眼位置标识吊点位置、吊索具型号、尺寸及数量	质量安全环保办公室/副队长	
29				①钻具记录本原始数据填写规范，特殊入井工具有草图	技术管理与服务办公室/工程技术员	

续表

序号	检查项目（部位）	图示	检查方法	检查项点	验收单位（人员）	验收结论（在对应的□中打"√"）
30	钻具与场地区域			①岗位人员劳动防护用品配备齐全	质量安全环保办公室/副队长	
31	钻台区域（钻台机房底座）			①钻台、机房底座各部件无开裂、扭曲变形及严重锈蚀。②应使用专用销子连接牢固，销子边缘无卷曲，别针齐全	设备管理办公室/机械工长	
32				①推移滑道无开裂。②基础应摆放在实方上，高差±3mm，间距20cm，底座与基础无悬空，无泥土掩埋	生产协调办公室/副队长	
33				①船型底座内无存放物品	设备管理办公室/机械工长	
34				①抽绳器应放置在延伸支架上	设备管理办公室/机械工长	
35	钻台区域（钻台面及钻台防护）			①钻台下方应设置至少1个速差自控器，并在挂钩上设置引绳	质量安全环保办公室/副队长	

续表

序号	检查项目（部位）	图示	检查方法	检查项点	验收单位（人员）	验收结论（在对应的□中打"√"）
36	钻台区域（钻台面及钻台防护）			①工业监控设置在绞车正上方钻台底座上，工作良好	质量安全环保办公室/副队长	
37				①油、气、电管线沿边沿布线，分类捆扎	设备管理办公室/机械工长	
38				①储气瓶安全阀在有效期内，工作正常	质量安全环保办公室/副队长	
39				①钻台面平整完好，无坑洞，防滑垫铺设完整	质量安全环保办公室/副队长	
40				①铺台及其固定撑杆、拉筋、销子齐全	设备管理办公室/机械工长	
41				①钻台安装有2～3个梯子通道（具体根据钻机类型要求），其与水平面成40°～50°角，支撑平稳。②踏板完整呈水平位置，扶手齐全，连接平顺，无凹凸、无旷动	设备管理办公室/机械工长	

续表

序号	检查项目（部位）	图示	检查方法	检查项点	验收单位（人员）	验收结论（在对应的□中打"√"）
42	钻台区域（钻台面及钻台防护）		目视	①使用转脚梯子上下钻台的，转角立梯有固定拉筋连接	设备管理办公室/机械工长	
43			目视	①钻台四周防护栏杆齐全，安装固定牢靠	设备管理办公室/机械工长	
44			目视	①大门门柱齐全，拴挂不少于两道防护链	设备管理办公室/机械工长	
45			目视	①挂钩式大门坡道安装后应使用 $\phi 16mm$ 的钢丝绳作为保险绳，将上端与钻台连接	设备管理办公室/机械工长	
46			目视	①吊卡圆锥孔或台阶面凹陷应≤1.5mm；吊卡本体无裂纹，锁闩转动灵活，复位弹簧无变形、无断裂，能自动复位。②手柄齐全、无变形。③缩紧功能正常，活门扣合良好，保险销灵活可靠。④使用标准磁性安全销，完好无损坏，保险绳规范。⑤侧开式吊卡的活门全开时最大张开角≤110°	技术管理与服务办公室/工程技术员	

续表

序号	检查项目（部位）	图示	检查方法	检查项点	验收单位（人员）	验收结论（在对应的□中打"√"）
47	钻台区域（钻台面及钻台防护）			①卡瓦及安全卡瓦销子、卡瓦牙及压板、保险链齐全紧固。②气动钻杆卡瓦、气动套管卡瓦能正常使用	技术管理与服务办公室/工程技术员	
48				①有提升短节固定架，用钢丝绳（或铁链）将提升短节锁死。②配备方钻杆上、下旋塞阀，回压阀及扳手，旋塞开关灵活。③配置两把钻杆钩子	技术管理与服务办公室/工程技术员	

续表

序号	检查项目（部位）	图示	检查方法	检查项点	验收单位（人员）	验收结论（在对应的□中打"√"）
48				④其他工具、物品摆放整齐、有序，无其他杂物，不阻碍安全通道，并有工具清单	技术管理与服务办公室/工程技术员	
49	钻台区域（钻台面及钻台防护）			①钻台正前方栏杆左右两侧分别设置"禁止倚靠栏杆""禁止抛物""当心机械伤人""当心坠落""当心滑倒""当心落物""当心有毒有害气体""必须穿戴防护用品"等警示标识，不能遮挡气动绞车操作人员视线。②在井架笼梯入口处设置"必须系安全带""必须使用防坠落装置"	质量安全环保办公室/副队长	
50				①钻杆立根盒上的保护皮带齐全、铺设平整。②大、小鼠洞加盖防护。③配置接单根小鼠洞卡盘	设备管理办公室/机械工长	

续表

序号	检查项目（部位）	图示	检查方法	检查项点	验收单位（人员）	验收结论（在对应的□中打"√"）
51				①参数仪及指重表（记录仪）灵敏有效无损坏，有防振、减振措施	技术管理与服务办公室/工程技术员	
52	钻台区域（钻台面及钻台防护）			①洗眼器工作正常、无损坏，水位不低于标识线要求，水中无杂物、青苔等。②立管区域的钻台面喷涂为斜向黑黄相间色，色带宽为100mm。③节控箱安装在节流管汇上方的钻台上。④司控台安装在司钻便于操作的位置，预留后门开启位置，便于日常检查	质量安全环保办公室/副队长	

续表

序号	检查项目（部位）	图示	检查方法	检查项点	验收单位（人员）	验收结论（在对应的□中打"√"）
53	钻台区域（逃生滑道）		看	①钻台逃生滑道连接可靠，销子、别针齐全，防护链便于取挂，且处于防护状态。②钻台逃生滑道内清洁无阻。③钻台逃生滑道出口应设置缓冲砂堆，尺寸不小于 1.2m×1.0m×0.4m，周边无障碍物	质量安全环保办公室/副队长	
54	钻台区域（水龙带、立管）		看、摸	①水龙带安装保险链（抗拉强度>3t），应距水龙带两端接头胶结处 1m 的本体上固定，分别与水龙头提梁和立管鹅颈管连接，保险链不得松弛。②安装保险绳应用 ϕ16mm 的钢丝绳分段缠绕后分别与水龙头提梁和立管鹅颈管连接，用 3 个绳卡固定，绳扣间距 0.8～1m，保险绳应紧贴水龙带。③水龙带无鼓包、内钢丝无断裂。水龙带与死绳、井架大腿等其他部件无擦刮，可能擦刮的地方应用胶皮衬垫防护	设备管理办公室/机械工长	

续表

序号	检查项目（部位）	图示	检查方法	检查项点	验收单位（人员）	验收结论（在对应的□中打"√"）
55	钻台区域（水龙带、立管）			①立管应上吊下垫，弯头不应直接挂在井架拉筋上。②用φ19mm钢丝绳绕两圈将立管吊挂在井架横拉筋上	设备管理办公室/机械工长	
56	钻台区域（液压猫头）			①使用专用猫头绳，应用楔块固定，主绳与余绳用2个卡子卡紧，猫头绳无断丝、锈蚀、变形。②导向滑轮转动无阻卡，黄油嘴无损坏或缺失	设备管理办公室/机械工长	
57	钻台区域（液气大钳）			①液气大钳吊绳用φ16mm钢丝绳，两端用与绳径相符的3个卡子固定，使用外接升降液缸应使用φ16mm钢丝绳作保险绳。②应保证升降液缸失效后液气大钳下坠距钻台面≥20cm	设备管理办公室/机械工长	
58				①伸缩液缸尾端固定牢固，应使用φ13mm钢丝绳作保险绳。②保险绳一端固定在液气大钳本体、一端固定在伸缩缸尾端固定点，长度为伸缩液缸最大行程	设备管理办公室/机械工长	

续表

序号	检查项目（部位）	图示	检查方法	检查项点	验收单位（人员）	验收结论（在对应的□中打"√"）
59	钻台区域（液气大钳）		目视	①护罩无破损，门框无变形。②油（气）压力表指针灵敏。③设置断气开关，操作手柄定位装置完好。④油、气管线不刺不漏，无擦刮	设备管理办公室/机械工长	
60	钻台区域（B型大钳）		目视	①B型大钳吊绳采用 $\phi 13mm$ 的钢丝绳；两端用与绳径相符的3个卡子卡牢。②钳尾绳应为 $\phi 22mm$ 的单头插编钢丝绳套，一端固定于B型吊钳钳尾销处，一端用3个与绳径相符的卡子固定于尾绳桩处	设备管理办公室/机械工长	

续表

序号	检查项目（部位）	图示	检查方法	检查项点	验收单位（人员）	验收结论（在对应的□中打"√"）
60	钻台区域（B型大钳）			③B型大钳上下调节无阻卡，钳体平衡，开口销齐全。 ④B型大钳本体使用红、黄、黑和绿安全色进行标识	设备管理办公室/机械工长	
61	钻台区域（气动小绞车）			①气动绞车安装方向应利于排绳，固定螺栓（销子）无缺失、无松动。 ②在利于观察位置悬挂"气动小绞车十不吊"挂牌。 ③护罩无破损、无缺失，护罩上粘贴"起吊前必须鸣笛"、"当心缠乱"等标识，排绳器无缺陷，灵活。 ④刹带钢圈无变形、裂纹，刹车毂无油污，手刹操作方便灵活，脚刹刹死时应与钻台面保持距离	设备管理办公室/机械工长	

续表

序号	检查项目（部位）	图示	检查方法	检查项点	验收单位（人员）	验收结论（在对应的□中打"√"）
61	钻台区域（气动小绞车）		👁👉	⑤分配阀手柄操作无阻卡，复位弹簧无断裂。⑥滚筒死绳头内使用内六方顶丝紧固，起重钢丝绳（φ16mm）无断丝、锈蚀和挤压变形，排列整齐。⑦旋转吊钩转动灵活，自锁可靠，用3个相符的U形卡子与钢丝绳连接牢靠，吊钩拉到最远起吊时滚筒上缠绕绳不少于6圈。⑧油雾器内油量适量。⑨气动小绞车天车滑轮与井架固定牢靠，应设置保险绳（链）	设备管理办公室/机械工长	
62	钻台区域（绞车及大绳）		👁	①绞车安装规范，护罩无缺失、变形和损坏	设备管理办公室/机械工长	

续表

序号	检查项目（部位）	图示	检查方法	检查项点	验收单位（人员）	验收结论（在对应的□中打"√"）
62	钻台区域（绞车及大绳）		目视	②使用8.8级以上强度螺栓固定。③绞车排绳器固定牢靠，排绳器滚轮加挡板装置	设备管理办公室/机械工长	
63			目视	①刹车毂（盘）完好，无变形、裂纹、油泥	设备管理办公室/机械工长	
64			测量	①刹车毂磨损≤13mm，刹车带磨损≤16mm	设备管理办公室/机械工长	
65			测量	①刹车盘单边磨损≤5mm，刹车块磨损≤10mm	设备管理办公室/机械工长	
66			测量	①刹车间隙：工作钳≤2mm，安全钳≤0.5mm	设备管理办公室/机械工长	

续表

序号	检查项目（部位）	图示	检查方法	检查项点	验收单位（人员）	验收结论（在对应的□中打"√"）
67	钻台区域（绞车及大绳）		看	①辅助刹车及操作控制系统安装齐全、完好、紧固，使用灵敏可靠	设备管理办公室/机械工长	
68			看	①钻井大绳规格符合钻机设计规范要求，无断丝、扭曲、变形	设备管理办公室/机械工长	
69			看	①活绳端穿入滚筒，按设计固定规范，活绳头余量≥200mm，卡牢防滑短节	设备管理办公室/机械工长	
70			看	①游车下放至转盘面，滚筒留余钢丝绳≥1.75层	设备管理办公室/机械工长	
71			看	①死绳固定器用8.8级以上强度螺栓固定，弹簧垫片齐全。②挡绳杆及滑套无缺失、变形，固定牢靠。③压板加双螺母固定，绳卡与钢丝绳放正、贴合。④两个绳卡固定牢靠，保险卡距压板50mm。⑤传感器法兰与扶圈的间隙应在8～12mm	设备管理办公室/机械工长	

续表

序号	检查项目（部位）	图示	检查方法	检查项点	验收单位（人员）	验收结论（在对应的□中打"√"）
72	钻台区域（大绳）			①大绳经过钻台铺台及座端有防护措施	设备管理办公室/机械工长	
73				①游车护罩无破损，大钩转动无阻卡，锁紧装置工作正常	设备管理办公室/机械工长	
74				①水龙头转动无阻卡，固定部位牢靠，旋转时不刺不漏，润滑油油位保持在上下刻度线之间	设备管理办公室/机械工长	
75	钻台区域（游车）			①吊环无变形、裂纹，用 ϕ12.7mm 钢绳死绳作保险绳，在大钩脖子上缠绕2圈以上	设备管理办公室/机械工长	
76				①天车、转盘、井口三点一线，垂直偏离≤20mm	设备管理办公室/机械工长	
77	钻台区域（顶驱）			①顶驱导轨总成（天车头悬挂耳板、连接卸扣、调节板、导轨及连接销、两道反扭矩梁）固定牢靠	设备管理办公室/机电工程师	

续表

序号	检查项目（部位）	图示	检查方法	检查项点	验收单位（人员）	验收结论（在对应的□中打"✓"）
77	钻台区域（顶驱）		👁	②导轨末端配25mm安全绳，导轨下端与钻台面保持2m以上距离。③顶驱外观清洁，无锈蚀，本体部件无明显损伤损坏，螺栓安全装置无松动脱落。④冷却风机百叶窗、防护网无破损和污物堵塞，冷却系统工作正常，减速箱运转正常，无异响，温升正常，油质、油量符合要求。⑤电缆悬挂牢固可靠，安装架螺栓齐全，连接可靠，锁紧钢丝齐全牢固。电缆外观清洁完好，无破损。⑥接插件连接牢固可靠；游动线缆行程、吊环旋转、倾斜范围无干扰	设备管理办公室/机电工程师	
78			👁	①液压、润滑系统无泄漏	设备管理办公室/机电工程师	
79			👁	①齿轮箱呼吸器通畅，无堵塞	设备管理办公室/机电工程师	

续表

序号	检查项目（部位）	图示	检查方法	检查项点	验收单位（人员）	验收结论（在对应的□中打"√"）
80	钻台区域（井架）		👁	①井架各部件无开裂、扭曲变形及严重锈蚀，连接销及保险销齐全，连接紧固	设备管理办公室/机械工长	
81			👁✋	①井架U形卡子卡座无变形，表面无锈蚀，卡座螺栓孔无明显变形、磨损，U形丝杠无变形，螺纹无损伤，背帽齐全、紧固，卡座与井架本体焊接部位无缺陷、无裂纹	设备管理办公室/机械工长	
82			👁✋	①人字梁支腿耳板无变形，焊接部位无锈蚀。②耳板销孔与销轴无旷动	设备管理办公室/机械工长	
83			👁	①井架下段耳板无变形，表面无锈蚀，耳板销孔无磨损	设备管理办公室/机械工长	
84			👁✋	①井架底座与机房底座连接耳板及耳板座无变形，表面无锈蚀，耳板销孔与销轴配合无明显旷动	设备管理办公室/机械工长	
85			👁	①二层台固定牢固，防护栏杆无缺失、破损，各连接部位销子、别针齐全，无滑脱，销轴由里向外穿出	设备管理办公室/机械工长	

续表

序号	检查项目（部位）	图示	检查方法	检查项点	验收单位（人员）	验收结论（在对应的□中打"√"）
85	钻台区域（井架）		👁	②二层台指梁完好无变形、损坏，保险绳齐全。③台面无杂物，手工具拴保险绳，猴台拴保险绳	设备管理办公室/机械工长	
86	钻台区域（井架）		👁👆👁	①井架各辅助导向滑轮转动无阻卡、无异响，固定牢靠，井架悬挂天滑轮有防钢丝绳跳槽挡杆或护罩。②起井架平衡滑轮、牛鼻子定期检查探伤	设备管理办公室/机械工长	
87			👁👆	①井架笼梯无缺失、破损，固定牢靠，攀行通道无阻碍	设备管理办公室/机械工长	
88			👁	①井架高空作业防坠落装置（云梯攀升保护器）安装规范，固定牢靠，完好无损	质量安全环保办公室/副队长	

续表

序号	检查项目（部位）	图示	检查方法	检查项点	验收单位（人员）	验收结论（在对应的□中打"√"）
88	钻台区域（井架）		目视	②井架两侧、人字梁两侧及上方（炮台）设置生命线	质量安全环保办公室/副队长	
89			目视	①井架防爆灯保险绳齐全	设备管理办公室/电气技术员	
90			目视	①防碰过卷阀调节位置合适，工作灵敏可靠	设备管理办公室/机械工长	
91	钻台区域（防碰系统）		目视	①插拔式防碰天车用φ6.4mm的钢丝绳作引绳，松紧合适，不扭曲、打结，不与其他部件摩擦，上下连接固定牢靠，挡绳距天车滑轮大于4m	设备管理办公室/机械工长	

续表

序号	检查项目（部位）	图示	检查方法	检查项点	验收单位（人员）	验收结论（在对应的□中打"√"）
92	钻台区域（司控房及控制系统）		👁	①司钻房（操作台）满足正压防爆要求，各仪表齐全，工作正常。②各操作控制阀件、按钮、开关规格、型号符合钻机标准，安装齐全，工作正常。③司控台挂泵离合器手柄处粘贴"挂泵前必须鸣笛确认"	设备管理办公室/机械工长	
93			👁	①工业监视系统、模拟高度指示仪工作正常	设备管理办公室/机械工长	
94			👁	①防爆对讲机、空调、暖风机工作正常	设备管理办公室/机械工长	
95			👁	①油、电、气管线排列整齐，无破损	设备管理办公室/机械工长	

续表

序号	检查项目（部位）	图示	检查方法	检查项点	验收单位（人员）	验收结论（在对应的□中打"√"）
96	钻台区域（司控房及控制系统）		目视	①液压盘刹泵站油位在上下刻度线之间，油温不超过60°。②储能器充氮压力为4MPa	设备管理办公室/机械工长	
97	钻台区域（司控房及控制系统）		耳听	①盘刹失压报警装置工作正常	设备管理办公室/机械工长	
98	钻台区域（司控房及控制系统）		目视	①工作钳管线用黄色标识，安全钳管线用红色标识，图例说明喷绘在管线接口上方箱体上	设备管理办公室/机械工长	
99	钻台区域（偏房）		目视	①工具箱底部铺设橡胶，用痕迹法将工具分类摆放整齐，定置管理，工具清单粘贴在工具箱门内墙上	质量安全环保办公室/副队长	
100	钻台区域（偏房）		目视	①空气呼吸器编号，并整齐放置于架子上	质量安全环保办公室/副队长	

续表

序号	检查项目（部位）	图示	检查方法	检查项点	验收单位（人员）	验收结论（在对应的□中打"√"）
100	钻台区域（偏房）		目视	②配电柜前铺设绝缘橡胶。 ③钻台偏房安全锁具存放有名称、清单和图例	质量安全环保办公室/副队长	
101			目视	①双钩安全带配备齐全，符合标准，完好无损	质量安全环保办公室/副队长	
102			目视	①高处作业工具拴安全绳后放置在偏房内，配置高处作业工具包	质量安全环保办公室/副队长	

续表

序号	检查项目（部位）	图示	检查方法	检查项点	验收单位（人员）	验收结论（在对应的□中打"√"）
103	循环罐区域			①循环罐按标准摆放安装，搅拌机、振动筛、除砂器、除泥器、离心机、除器气等设备安装齐全，护罩完好、紧固，工作正常，干净整洁。②钻井泵泄压管出口危险区域用黄线标识并用彩带隔离。③阀门等突出位置用红色标识。④临边工作台边沿黄色标识，色带宽80mm。⑤循环罐靠钻井液池边沿配备挂安全带的钢丝绳（生命线）	设备管理办公室/钻井液技术员	
104				①配浆罐栏杆上固定"配浆时戴橡胶围裙"、"配浆时戴橡胶手套"、"配浆时戴防溅眼镜"、"配浆时戴滤尘口罩"等标识牌	设备管理办公室/钻井液技术员	
105				①循环罐上入口（盖板）处设置"受限空间"标识	质量安全环保办公室/副队长	

续表

序号	检查项目（部位）	图示	检查方法	检查项点	验收单位（人员）	验收结论（在对应的□中打"√"）
106	循环罐区域		👁	①电动配浆漏斗、射流漏斗安装规范，工作正常	设备管理办公室/钻井液技术员	
107			👁	①循环罐梯子数量符合要求，踏板平整，防护栏杆扶手无变形、损坏，安装坡度与水平面成40°～50°角	设备管理办公室/钻井液技术员	
108			👁	①罐面四周防护护栏齐全，安装固定牢靠，加宽台固定牢靠。②护栏连接部位固定牢靠	设备管理办公室/钻井液技术员	
109			👁	①液面报警器工作正常	技术管理与服务办公室/工程技术员	
110			👁	①罐面设有坐岗房，坐岗房内安装固定式气体检测仪控制器，电路安装规范，目视化张贴齐全，房内清洁、整齐、规范。②坐岗房放置2具正压式空气呼吸器	技术管理与服务办公室/工程技术员	

续表

序号	检查项目（部位）	图示	检查方法	检查项点	验收单位（人员）	验收结论（在对应的□中打"✓"）
111	循环罐区域		👁	①洗眼器工作正常，无损坏	质量安全环保办公室/副队长	
112	循环罐区域（钻井液不落地设备）		👁	①电动机固定牢固、润滑，护罩完好，电路及接地线符合标准。②振动器润滑油无变质、量够，固定牢靠。③振动筛框体及筛布坏卫生干净、清洁，筛布完好无损	设备管理办公室/钻井液技术员	
113			👁	①地埋罐周围护栏齐全，带踢脚板，固定牢靠，无晃动，液面不超出规定高度。②砂浆泵安装规范、运转正常，排水管线无弯折、变形，砂浆泵控制开关防爆性符合要求，有防触电保护措施	设备管理办公室/钻井液技术员	
114			👁	①螺旋输送机安装固定牢靠，运行平稳，输送机支架螺纹有保护措施	设备管理办公室/钻井液技术员	

续表

序号	检查项目（部位）	图示	检查方法	检查项点	验收单位（人员）	验收结论（在对应的□中打"√"）
114	循环罐区域（钻井液不落地设备）		目视	②护罩、盖板无缺失、破损。轴承、运转部位保养良好。③接地线安装紧固，接地符合标准，过桥梯满足人员安全通过	设备管理办公室/钻井液技术员	
115			目视	①储备罐栏杆齐全，固定可靠，罐面清洁无阻	设备管理办公室/钻井液技术员	
116			目视	①砂浆泵使用 $\phi 10mm$ 的钢丝绳固定在专用架上，运转正常，排水管线无弯折	设备管理办公室/钻井液技术员	
117	循环罐区域		目视	①区域无坑洞，隔离警示到位	设备管理办公室/钻井液技术员	
118			目视	①依据钻井设计要求配制好表层钻进所需的钻井液	技术管理与服务办公室/钻井液技术员	

续表

序号	检查项目（部位）	图示	检查方法	检查项点	验收单位（人员）	验收结论（在对应的□中打"√"）
119	泵房区域			①钻井泵皮带轮完好，轮槽≥13个，皮带本体及轮辐条无裂纹	设备管理办公室/大班司钻	
120				①钻井泵螺栓采用8.8级及以上专用高强度螺杆、螺母，螺栓本体无裂纹、拉伸变形现象，螺纹无滑扣、断扣、余扣≤1扣。②钻井泵固定压板和顶丝螺钉无缺失、松动，护罩齐全、无破损	设备管理办公室/大班司钻	
121				①压力表在有效期，工作正常	设备管理办公室/大班司钻	
122				①润滑油清洁无污染，油面在油标尺上下刻度线之间	设备管理办公室/大班司钻	

续表

序号	检查项目（部位）	图示	检查方法	检查项点	验收单位（人员）	验收结论（在对应的□中打"√"）
123	泵房区域		👁	①冷却水清洁，喷淋管线畅通，喷嘴齐全，喷淋泵运转正常，不漏水	设备管理办公室/大班司钻	
124			👁	①作业平台安全、清洁、规范。②在钻井泵液力端加装钻井液回收槽	设备管理办公室/大班司钻	
125			👁	①钻井泵安全阀支管与法兰焊缝无裂纹、砂眼。②泄压管线采用 $\phi 89mm$ 的无缝钢管，用 $\phi 12.7mm$ 的钢丝绳作保险绳，缠绕安全阀本体和泄压管线后卡牢。③钻井液泵安全阀连接部位无松动及滴漏现象，阀盖无破损。④剪切销、剪切板无变形，销孔无变大，根据缸套直径大小对应钻井泵额定工作压力调定剪切销穿孔位置	设备管理办公室/大班司钻	
126			👁	①钻井泵空气包预充氮气或压缩空气，充气值为工程设计泵压的 1/3～1/4，最高不超过 4.5MPa，压力表压力等级应与之匹配，压力表灵敏，无破损	设备管理办公室/大班司钻	

续表

序号	检查项目（部位）	图示	检查方法	检查项点	验收单位（人员）	验收结论（在对应的□中打"√"）
127	泵房区域			①阀门组闸阀手柄齐全，无缺损，开关灵活；标识清楚醒目。②在泵房通道入口处设置"当心机械伤人""高压危险，请勿逗留""禁止乱动阀门"等标识牌	设备管理办公室/大班司钻	
128				①万向轴护罩无缺损、变形，安装牢靠	设备管理办公室/大班司钻	
129				①高压软管采用12.7mm的钢丝绳作保险绳，保险绳连接固定规范②上水管线安装支架调节工具	设备管理办公室/钻井液技术员	

续表

序号	检查项目（部位）	图示	检查方法	检查项点	验收单位（人员）	验收结论（在对应的□中打"√"）
130	钻井液材料区域		👁	①钻井液材料按性质存放，下垫上盖，离地高于20cm，码放整齐，高度≤2m，码垛高宽比≤2。②MSDS提示牌等齐全。③钻井液材料房材料分类摆放，对应位置标识材料名称、数量	技术管理与服务办公室/钻井液技术员	
131	机房区域		👁👉	①机房台面无坑洞、油污和杂物，梯子、栏杆无缺失、变形，固定牢靠。②机房固定螺栓用红漆标识，方便检查螺栓是否松动。③机房区离合器安装上锁挂签名页。④柴油机正前方栏杆处设置"当心机械伤人"、"当心地滑"、"当心烫伤"、"必须戴耳塞"、"旋转部位严禁长时间停留"等安全标识	设备管理办公室/司机长	
132			👁👉	①柴油机、联动机、节能发电机等设备旋转部位护罩齐全、完好，固定压板无缺失、无松动，固定牢靠。②万向轴用8.8级以上高强度细牙螺栓固定，每年探伤一次	设备管理办公室/司机长	

续表

序号	检查项目（部位）	图示	检查方法	检查项点	验收单位（人员）	验收结论（在对应的□中打"√"）
133			目视	①柴油机工作正常，护罩齐全，无缺损，固定牢靠，仪表完好，气路闸阀灵活可靠，油、气、水路畅通，不窜漏、渗漏，"三滤"清洁	设备管理办公室/司机长	
134			目视	①柴油机防火罩无缺损，连接牢靠，排气管出口不应朝向油罐区	设备管理办公室/司机长	
135	机房区域		目视	①空气压缩机及气瓶（房）各阀件、管线不漏气。②压力表和安全阀在有效期内，工作正常，安全阀整定压力符合标准	设备管理办公室/司机长	
136			目视	①冷干机或干燥塔工作正常，冬季每 10~15min 放气放水一次。②配置气瓶自动放水装置	设备管理办公室/司机长	

续表

序号	检查项目（部位）	图示	检查方法	检查项点	验收单位（人员）	验收结论（在对应的□中打"✓"）
137	机房区域			①机房配备5kg型二氧化碳灭火器3具，气井队放置在机房值班房内，油井队放置在机房靠司钻一侧的梯子入口左侧，统一摆放在消防器材专用箱内。②二氧化碳灭火器称重后的更换数值标注清楚	质量安全环保办公室/司机长	
138				①发电房到井口的距离≥30m	生产协调办公室/副队长	
139	发电房区域			①发电房、VFD房（MCC房）内无油污、无污水，地面铺设绝缘橡胶	设备管理办公室/电气技术员	
140				①VFD房配置吸尘器	设备管理办公室/电气技术员	

续表

序号	检查项目（部位）	图示	检查方法	检查项点	验收单位（人员）	验收结论（在对应的□中打"√"）
140				① VFD房配置绝缘手套	设备管理办公室/电气技术员	
141				① VFD房配置温度计、湿度计。② VFD房外侧配电柜电路总输出端电缆线采用分类标识，绝缘板完好	设备管理办公室/电气技术员	
142	发电房区域			① 发电机运转正常，与电控房连接线无松动、破损	设备管理办公室/电气技术员	
143				① 发电机控制柜各指示灯正常，功率、电压、电流参数正常，配载均衡	设备管理办公室/电气技术员	
144				① 每个发电房配备5kg型二氧化碳灭火器1具，VFD房、MCC房或配电房配备5kg型二氧化碳灭火器1具，应放置在靠门口处，便于应急手提式灭火器的放置其顶部离地面高度不应大于1.50m，底部离地面高度不宜小于0.08m。② 称重后的更换数值标注清楚	设备管理办公室/电气技术员	

续表

序号	检查项目（部位）	图示	检查方法	检查项点	验收单位（人员）	验收结论（在对应的□中打"√"）
145	发电房区域		👁	①电器设备、照明线路分闸控制。	设备管理办公室/电气技术员	
146			👁	①钻台、井架、循环系统、机泵房、油罐区等使用防爆电器	设备管理办公室/电气技术员	
147			👁	①电力线路宜采用防油橡胶电缆，不得裸露，不得搭铁，不得松弛，不得交叉和捆绑在一起，不能接触和跨越油罐和主要动力设备	设备管理办公室/电气技术员	
148			👁	①供电线路与设备、井架、罐等金属物体间须有橡胶衬垫，入房线路在穿孔处加有绝缘护套管	设备管理办公室/电气技术员	
149			👁	①电动机运转部位护罩完好，安装牢固	设备管理办公室/电气技术员	
150			👁	①加热带无龟裂，分线时应使用防爆接线盒，末端应安装密封终端	设备管理办公室/电气技术员	

续表

序号	检查项目（部位）	图示	检查方法	检查项点	验收单位（人员）	验收结论（在对应的□中打"√"）
151				①电气开关前需铺设1m×1m的绝缘橡胶	设备管理办公室/电气技术员	
152				①进出电缆线应有明确的标识，有防护措施，无挤压、破损、松动和发热现象	设备管理办公室/电气技术员	
153				①接地电阻检测仪工作正常	设备管理办公室/电气技术员	
154	发电房区域			①井场采用等电位接地保护	设备管理办公室/电气技术员	
155				①总等电位连接母线统一为完整的截面积为$25mm^2$的铜芯导体或$35mm^2$的铝芯导体，总等电位连接母线总长≤150m	设备管理办公室/电气技术员	
156				①接地桩使用直径>10mm、长度>0.6m以上的圆钢，总等电位三个接地桩间距1～1.5m	设备管理办公室/电气技术员	

续表

序号	检查项目（部位）	图示	检查方法	检查项点	验收单位（人员）	验收结论（在对应的□中打"√"）
156	发电房区域		👁	②露出地面 10～15cm，电气设备接地电阻 ≤4Ω，其他接地电阻 ≤10Ω	设备管理办公室/电气技术员	
157			🔫	①油罐区到井口的距离≥30m，距发电房≥20m	设备管理办公室/司机长	
158	油品区域		👁	①油罐区下应铺设防渗布（土工膜），四周设置30cm高围堰，高架罐设置速差器。②设置卸油专用接地桩，防静电接地电阻≤10Ω。③机油桶存放在支架、托盘或房内。④废油桶集中存放，下垫防渗布，打围堰	设备管理办公室/司机长	
159			👁	①油罐区摆放 MFZ 型 8kg 型干粉灭火器 4 具，消防砂 4m³（推广消防沙箱），消防桶 2 只，消防锹 2 把，放置点应选择在季节风的上风向	设备管理办公室/司机长	

续表

序号	检查项目（部位）	图示	检查方法	检查项点	验收单位（人员）	验收结论（在对应的□中打"√"）
159	油品区域			②灭火器应放在消防器材专用箱内，距油罐距离5~9m	设备管理办公室/司机长	
160				①材料分类摆放整齐，符合下重上轻原则。材料标牌齐全，品名、规格型号、数量准确，与实物相符	设备管理办公室/机械工长	
161				①材料清单下方留有备用栏，数量应可手工填写	设备管理办公室/机械工长	
162	材料房、机修房区域			①电焊机完好，电焊面罩、电焊钳、绝缘手套符合标准，接地规范。绝缘按照周期检测正常	设备管理办公室/机械工长	
163				①移动电器设施、手持电动工具及砂轮机、切割机、等离子切割机等完好，护罩齐全，绝缘良好，接地线规范，绝缘按照周期检测正常	设备管理办公室/机械工长	

续表

序号	检查项目（部位）	图示	检查方法	检查项点	验收单位（人员）	验收结论（在对应的□中打"√"）
164			👁	①消防器材房应有明显的标识，生产期间房门严禁上锁，摆放MFT 35型推车式干粉灭火器4具，8kg型干粉灭火器6具，5kg型二氧化碳灭火器2具，消防斧2把，消防钩2把，消防桶6只，消防锹4把，消防毡10条。②配置测量二氧化碳灭火器重量电子秤	质量安全环保办公室/司机长	
165	材料房、机修房区域	名称：绳套 规格：26mm×10m 额定载荷：6.5t 投用时间：2014.9 厂家：咸阳高索	👁	①钢丝绳套、吊带和卸扣等吊索具挂放管理。②应设有标签或标牌，标明吊索具的尺寸、数量、长度等，报废吊索具应及时割断处理，严禁混放。③配置取挂绳套工具	质量安全环保办公室/副队长	
166			👁	①吊索具台账及时更新，账物相符	质量安全环保办公室/副队长	
167			👁	①在用的钢丝绳套经过棱刃处必须有保护措施	质量安全环保办公室/副队长	

续表

序号	检查项目（部位）	图示	检查方法	检查项点	验收单位（人员）	验收结论（在对应的□中打"√"）
168	污水池区域		目视	①钻井液池设置在实方处，深度≤4m，边坡比≥1：0.4。②用≥1.5m防护栏、围网或警示带隔离。油井钻井液池内侧边沿距井口≥12m、气井≥20m	生产协调办公室/副队长	
169			目视	①排污泵安装在专用支架上，配有手动绞盘	质量安全环保办公室/副队长	
170			目视	①救生圈和安全带放置于钻井液池排污泵或循环罐栏杆处，可用汽车内胎，充气压力≥0.3MPa，引绳长度≥10m	质量安全环保办公室/副队长	
171			目视	①钻井液池每5m设置一道救生绳，救生绳为ϕ18mm的棕绳，必要时可在救生绳上设置多个浮筒	质量安全环保办公室/副队长	
172			目视	①生产水罐安装平稳可靠，栏杆齐全	生产协调办公室/副队长	

续表

序号	检查项目（部位）	图示	检查方法	检查项点	验收单位（人员）	验收结论（在对应的□中打"√"）
172				② 四周打 30cm×50cm 围堰。 ③ 上罐梯子设置速差自控器	生产协调办公室/副队长	
173				① 水罐旁应设置防洪防汛物资存放点，应存放草袋子 500 条、铁锹 20 把、十字镐 5 把、排水泵 1 台等物资	生产协调办公室/副队长	
174	污水池区域			① 水罐区放置 10hp 消防专用水泵 1 台，水泵有防雨、防晒措施，燃油充足，易启动，上水管为硬质螺纹管线。 ② 配置消防水带 100m，ϕ19mm 直流水枪 2 支，与消防水带、消防泵接口相匹配的专用消防栓或快速接口 1 个，消防栓或快速接口与上水管尺寸、型号对应	质量安全环保办公室/司机长	

续表

序号	检查项目（部位）	图示	检查方法	检查项点	验收单位（人员）	验收结论（在对应的□中打"√"）
175	营地区域			①营地距井口≥100m。②营地周围使用警示彩带或围栏进行隔离	综合办公室/书记	
176				①生活垃圾按"可回收"、"不可回收"两种明显能区分的垃圾桶进行收集	综合办公室/书记	
177				①所有营房连接线插头紧固，没有插接头的孔加盖密封	综合办公室/书记	
178				①营房漏电保护器完好，复位按钮每月检验按压1次	综合办公室/书记	
179				采用等电位保护接地	综合办公室/书记	

续表

序号	检查项目（部位）	图示	检查方法	检查项点	验收单位（人员）	验收结论（在对应的□中打"√"）
180				每栋野营房配备2具2kg型干粉灭火器，分别放置在房门内侧；员工食堂配备4具8kg型干粉灭火器；操作间2具，餐厅2具，分别放置在房门内两侧	综合办公室/书记	
181	营地区域			①厨房保持整齐清洁，有充足的照明，炊事器具使用正常、清洁卫生、摆放整齐。 ②食物使用防尘、防蝇罩。 ③水道畅通，无滴漏现象	综合办公室/书记	
182				①冷冻食材和生、熟肉类分开存放	综合办公室/书记	

续表

序号	检查项目（部位）	图示	检查方法	检查项点	验收单位（人员）	验收结论（在对应的□中打"√"）
183	营地区域			①淋浴房整齐清洁，地板干净，无泥污、无杂物。②电器设备接地，绝缘良好，按期检测，电阻在正常范围内	综合办公室/书记	
184				①配电柜工作正常，按照 TN-S 系统和等电位连接配合	综合办公室/书记	
185				①取暖设备工作正常	综合办公室/书记	

第二节　井控验收 HSE 检查表

钻井队在钻开第一个油气层前 100m 提出井控验收申请，申请前应对照《井控验收

HSE 检查表》（表 2-2）组织自查自改。一级风险气井井控自我验收由钻井公司组织，其他风险油气井由钻井队所在项目部（分公司）负责。验收前应成立专门的验收检查小组，一级风险气井的验收应由总公司主管井控工作的副总经理担任组长，其他风险油气井应由项目部（分公司）技术副经理担任组长，成员应由技术、生产、安全、设备等管理人员组成。自我验收合格后，验收组负责向甲方提出申请，经甲方组织验收合格后，由验收小组负责人签字批准后方能钻开油气层。

表 2-2　井控验收 HSE 检查表

序号	检查项目（部位）	图示	检查方法	检查项点
1	持证情况			①正副队长、书记、工程技术人员、钻井液技术人员、钻井技师、大班司钻、大班司机、正副司钻、井架工、井控坐岗工等应持井控操作证，资料与操作证统一。②证件集中管理，无缺失、无过期
2	井控领导小组			①成立以队长、书记为组长的井控领导小组

续表

序号	检查项目（部位）	图示	检查方法	检查项点
3	设备台账		看	①建立井控设备台账，井控设备规格型号、生产厂家、编号、投产日期、检修日期、使用日期、管理岗位、管理人员等资料填写齐全，与设备检修资料统一
4	设备试压		看	①全套井口装置在现场安装好后，对所有的防喷器、节流管汇、压井管汇均要进行全套试压，节流阀不作密封试验。②在不超过套管抗内压强度80%前提下，闸板防喷器、压井管汇、防喷管线、节流管汇（节流阀前端）试压到额定工作压力，环形防喷器封闭钻杆试压到额定工作压力的70%，天然气井的放喷管线试验压力不低于10MPa；高压试压要求稳压时间≥10min，密封部位无渗漏，压力降≤0.7MPa。闸板防喷器作1.4～2.1MPa的低压试验；试压签字齐全，试压记录与班报表、记录仪卡片记录统一
5	基本情况		看	①钻井基本情况按照设计和施工进度及时填写，数据齐全
6	注水井资料		看	①开钻前应了解、查看清楚邻井注水井情况，及时填写齐全邻井注水井数据。数据准确、齐全
7	地漏试验		看	①钻出套管鞋进入第一个砂层3～5m时作地层漏失压力试验，绘制压力曲线，记录与班报表、记录仪卡片统一（丛式井只做第一口井）

续表

序号	检查项目（部位）	图示	检查方法	检查项点
8	允许关井套压值			①按照综合记录资料本要求，准确计算安全关井最高套压值，填写齐全各数据
9	堵塞试压			①天然气一级风险井在打开目的层前，必须下堵塞器对井控装备及双公短节进行试压，以检验其可靠性，填写试压数据
10	低泵冲试验			①在进入油气层前50～100m，以低泵冲、小排量（正常钻进排量的1/3～1/2）循环，作好泵冲数、排量、循环压力记录。以后每加深200m或当钻井液密度调整或钻具组合发生较大变化时应补测一次，记录与班报表、记录仪卡片统一
11	井控交底			①打开油气层前应进行井控交底，作好井控交底记录，参加会议人员签名齐全
12	井控培训			①查看现场井控知识培训内容（教案和笔记）、职工培训计划、井控培训考核记录等。②培训记录与培训教案、学员笔记、学员签字、考核内容统一
13	防喷演习			①防喷演习记录由司钻填写，讲评由值班干部填写，参加人员签名。②演习应按照标准讲评、考核，讲评要注明存在问题和扣分项目。③作业班每月至少进行一次不同工况下的防喷演习，演习达到合格要求。④演习时间、工况、班组等记录与班报表和记录仪卡片统一

续表

序号	检查项目（部位）	图示	检查方法	检查项点
14	井控例会			①每周召开一次井控例会，对井控安全工作进行讲评
15	突发事件			①按井控突发事件应急处置预案要求上报井控突发事件，及时如实填写井漏资料及溢流、井涌等井控突发事件资料
16	设备保养			①按照要求检查保养井控设备，做好记录
17	井控总结			①完井后认真总结本口井井控工作中的得失，填写井控工作总结
18	标准、规范			①有本油田的石油与天然气钻井井控实施细则、井控相关标准、集团公司井控管理规定
19	油气上窜速度			①起钻前监测油气上窜速度，计算安全周期
20	压井计算			①有压井计算软件

续表

序号	检查项目（部位）	图示	检查方法	检查项点
21	设备交接资料		看	①有井控设备交接书和井控设备合格证、检修单、试压曲线等资料
22	检测设施		看	①定期检查有毒有害气体检测仪。②正压式呼吸器等防护设施，有检查记录
23	会议记录资料		看	①有班前班后会记录，记录内容中有值班干部井控工作安排、井控知识培训、井控工作讲评等内容

续表

序号	检查项目（部位）	图示	检查方法	检查项点
24	井控验收资料		👁	①有钻开油气层前的申报、审批表等资料，井控验收表中有甲、乙双方验收人员签字
25	隐患档案		👁	①有上级部门井控检查存在隐患档案及整改资料
26	坐岗资料		👁	①有循环罐体积换算表及正常钻进时的钻井液消耗对比表等资料。②进入油气层前100m开始坐岗，坐岗记录内容齐全，数据准确，使用坐岗电子记录本的数据可查询或导出
27	制度上墙		👁	①井控管理网络图、井控管理制度、井控岗位职责、井口装置示意图、H_2S（CO）处置程序及关井程序等张贴在值班房
28	文件学习		👁	①及时组织学习井控管理有关文件及通报，作好学习记录
29	摆放风向位置		👁	①锅炉房、发电房等有明火或有火花散发的设备设施应设置在井口装置及储油设施季节风的上风侧位置

续表

序号	检查项目（部位）	图示	检查方法	检查项点
30	设施摆放与井口间距离		目视	①锅炉房与井口距离≥50m，油罐、发电房与井口距离≥30m，油罐与发电房距离≥20m
31	林区布局		目视	①在林区钻井作业时，井场四周应设防火墙或设置隔离带，并在井场选址时预留、设置防火墙或隔离带区域，井场外围植物高度低于2m时宜设防火墙，高于2m时宜设隔离带。防火墙高度应不低于2.5m，防火隔离带应利用河流、沟壑、岩石裸露地带、沙丘、水湿地等自然障碍阻隔或工程阻隔的措施设置，宽度应不小于20m
32	防喷器组		目视	①防喷器组合压力级别、套管头型号符合钻井设计要求
33	套管头		目视	①套管头侧出口闸阀、压力表齐全完好；套管头注塑、试压、悬挂载荷符合规定。②圆井（方井）有操作平台
34	防喷器标识等		目视	①全封、半封及环形防喷器标识清楚，定岗定人管理；双闸板防喷器全封在上、半封在下

续表

序号	检查项目（部位）	图示	检查方法	检查项点
35	挡泥伞		👁	①挡泥伞能有效遮挡钻井液，确保防喷器组及四通各闸阀清洁
36	防喷器法兰连接		👁	①防喷器各法兰连接螺栓齐全，螺纹对称
37	防喷器固定		👁	①防喷器用四根≥ϕ16mm的钢丝绳和导链或者紧绳器成下"八"字形对角对称拉紧
38	防喷器密封情况		👁	①防喷器液压部分密封良好

续表

序号	检查项目（部位）	图示	检查方法	检查项点
39	锁紧杆		看	①手动锁紧杆安装齐全，靠手轮端支撑牢固，手轮应接出井架底座，其中心与锁紧轴之间的夹角≤30°，挂牌标识开关方向和到底圈数。 ②手动锁紧杆离地面高度超过1.6m时应安装手轮操作台
40	井口安装固定		看	①井口校正、固定、回填，无晃动，周围无积水
41	压力级别		看	①压力级别符合设计要求
42	连接情况		看	①内控管线应采用螺纹与标准法兰连接，不允许现场焊接。 ②若使用高压软管应符合标准要求
43	管汇标识		看	①闸阀挂牌编号，标注开关状态（正确），定岗定人管理
44	管汇闸阀		看	①闸阀开关灵活，连接螺栓对称
45	管汇基础		看	①节流、压井管汇基础低于地平面时应排水良好

续表

序号	检查项目（部位）	图示	检查方法	检查项点
46	管汇压力表		👁	①所有压力表必须抗振。管汇压力级别为21MPa的高量程压力表量程选择40MPa，管汇压力级别为35MPa的高量程压力表量程，选择60MPa，管汇压力级别为70MPa的高量程压力表量程选择100MPa。②节流、压井管汇低量程压力表量程，天然气井选择10～16MPa，油井选择6～10MPa。压力表下必须有高压控制闸阀，并用螺纹或双面法兰固定，低量程压力表控制闸阀处于常关，压力表朝向手动节流阀
47	回收管线		👁	①钻井液回收管线拐弯（≥120°的铸钢弯头）及出口处固定牢靠，出口接至钻井液罐（池），内径≥78mm。②天然气井及一级风险油井回收管线出口接至一号钻井液罐，并用ϕ20mm的螺栓及压板固定牢靠；常规油井接至钻井液沉砂池。③拐弯处必须使用角度≥120°的专用铸钢弯头，固定牢靠
48	允许关井套压值		👁	①最大允许关井套压提示牌数据准确、清晰，提示牌朝向手动节流阀
49	防冻保温		👁	①管线、管汇有防堵、防冻措施
50	节控箱安装位置		👁	①安装在节流管汇上方的钻台上

续表

序号	检查项目（部位）	图示	检查方法	检查项点
51	节控箱安装变送器		眼	①套管压力表及压力变送器安装在节流管汇五通上，立管压力变送器（配有高压球形截止阀，常关）应在立管上垂直于钻台平面安装
52	节控箱压力值		眼、手	①调试各压力值，控制箱上的立压与立管压力一致，气源压力 0.65～1.3MPa，油压表压力 2～3MPa，阀位开启度表显示 3/8～1/2 开启度（即指示液动节流阀处于半开工况）。电动节流控制箱的阀位开启度 18～23mm
53	节控箱管线连接		眼、手	①所有控制管线和气源管线应连接完好（气泵运转正常）
54	节控箱油雾器		眼	①油雾器油量 1/2～2/3
55	节控箱挂牌标识等		眼	①挂牌标识，定岗定人管理，节流控制箱盖内壁上张贴关井压力提示图表
56	司控台安装位置		眼	①安装在司钻便于操作的位置，预留后门开启位置，便于日常检查
57	司控台气源		眼	①气源管线直接从气瓶单独接出
58	司控台标识		眼	①标识清晰、正确，定岗定人管理

续表

序号	检查项目（部位）	图示	检查方法	检查项点
59	司控台压力值		目视	①司钻控制台显示的压力值与远程控制台压力表压力值的误差不超过 0.6MPa
60	远控房开关状况		目视	①防喷器控制手柄位置与防喷器开关状态一致（剪切闸板控制手柄处于中位并限定）
61	远控房位置		目视	①位于面对井架大门左侧前方，与井口距离≥25m
62	远控房周围情况		目视	①周围有 2m 宽的人行通道，周围 10m 内不得堆放易燃、易爆、腐蚀物品。②控制台下应铺土工膜，四周围防污堤。③房内悬挂"自动启动和专人操作"提示牌
63	电源控制		目视	①电源应从发电房总配电板专线引出，线截面积≥6mm^2 并保持一致，并用单独的开关控制
64	液控管线		目视	①远控台的液控管线与节流压井管汇及防喷管线距离大于 1m；液控管线不允许埋在地下，车辆跨越处应装过桥盖板采取保护措施，不得挤压。②管线接头处不允许遮盖，不允许在液控管线上堆放杂物或在其上进行割焊等其他作业
65	管线连接		目视	①控制系统安装完成后，应采用 21MPa 的液压压力对控制系统、液控管线及接头等部位进行密封可靠性试压
66	气动泵		目视	①气动泵总气源与司钻控制台气源分开连接，配置气源排水分离器、油雾器，气源压力 0.65～0.8MPa；冬季对气源气瓶采取防冻措施

续表

序号	检查项目（部位）	图示	检查方法	检查项点
67	泵运转情况		看、指	①电动泵与气动泵运转正常
68	油雾器		看	①油雾器工作正常，油量 1/2 ～ 2/3
69	远控房压力		看	①储能器预充氮气压力（7±0.7）MPa，储能器压力 18.5 ～ 21MPa，管汇及控制环型防喷器的压力 10.5MPa
70	油箱液面		看	①待命状态时，油箱液面高于油标下限
71	泵控制情况		看	①泵的输出压力达到 21MPa 时自动停泵，系统压力降至 18.5±0.3MPa 时自动启动

续表

序号	检查项目（部位）	图示	检查方法	检查项点
72	远控房防冻保温		👁 👉	①冬季采取防冻措施
73	放喷管线安装要求		👁	①高含硫气井放喷管线必须接出井口100m以远，两条放喷管线的夹角为90°～180°。天然气井应装两条放喷管线，接出井口75m以远。一级风险油井至少装一条放喷管线，接出井口50m以远。二级及三级风险油井至少应接一条放喷管线至钻井液池。放喷管线一般情况下要求安装平直，需要转弯时，要采用角度≥120°的铸钢弯头或使用90°的灌铅铸钢专用两通
74	放喷管线通径		👁	①不允许现场焊接，通径大于或等于$\phi 78mm$
75	放喷管线固定		👁	①放喷管线每隔10～15m、转弯处及管线端口，要用水泥基墩、地脚螺栓及压板固定，压板下面垫橡胶。②放喷管线出口处使用双墩、双卡固定；使用整体铸（锻）钢弯头时，其两侧用卡子固定。水泥基墩长×宽×深为800mm×800mm×800mm，地脚螺栓直径≥20mm、长度≥500mm，固定压板宽度≥80mm、厚度≥10mm
76	放喷口		👁	①放喷口前方50m以内不得有各种设施，出口有防风沙措施

续表

序号	检查项目（部位）	图示	检查方法	检查项点
77	点火器具		目视	①天然气井配备专用点火装置或器具
78	放喷管线连接及试压		目视	①连接螺纹上紧，法兰连接时上平上紧；天然气井放喷管线试压≥10MPa
79	内防喷工具		目视 手动	①配备方钻杆上、下旋塞阀及扳手，旋塞开关灵活。②配备回压阀、防喷单根（带配合接头和回压阀）。③回压阀、防喷单根配备快接顶开装置；内防喷工具压力等级与防喷器相匹配
80	液气分离器		目视	①安装在节流管汇汇流管出口一侧，与节流管汇用专用管线连接。进液管线通径大于或等于ϕ78mm，可使用井控高压耐火隔热软管，并用基墩固定。②井控高压耐火隔热软管压力级别与节流管汇节流阀后端压力级别一致。排液管线接至循环罐上振动筛前的分配箱，通径大于或等于ϕ203mm。排气管线通径大于或等于ϕ150mm，采用法兰连接，转弯处应有预制铸（锻）钢弯头，各管线出口处应固定牢固；走向应沿当地季风的下风方向，接出井场（井口）50m以远，并应配备性能可靠的点火装置

续表

序号	检查项目（部位）	图示	检查方法	检查项点
81	除气器等		👁️👉	①除气器运转正常，排气管线出口距离除气器 15m 以远，并保持排气管畅通。②加重装置运转正常，加重漏斗无堵塞。③配液罐有体积换算表或标尺，钻井液循环罐有便于坐岗记录的体积换算表或标尺，有钻井液灌注系统，天然气井有液位检测报警仪或直读式液位标尺
82	轴流风机		👁️	①天然气井、油井水平井配备 2 台轴流风机，安装在钻台和振动筛等气体易聚集的地方，其他井配备 1 台安装在钻台上
83	加重物资		👁️	①加重材料储备数量、加重钻井液储备数量和性能、堵漏材料储备数量和性能等符合钻井设计要求，储备的加重钻井液定期搅拌（或循环）
84	工具		👁️	①有与井控设备相匹配的拆装工具
85	油罐区防爆		👁️	①油罐区电气设备使用防爆开关

续表

序号	检查项目（部位）	图示	检查方法	检查项点
86	探照灯		👁	①探照灯从发电房或配电房用专线直接引出，用单独的开关控制
87	柴油机排气管		👁	①柴油机排气管不面向油罐、不破漏、无积炭，安装具有冷却灭火功能装置
88	电器防爆		👁	①钻台、井架、循环系统、机泵房、油罐区等必须使用防爆电器，井场电力线路要分路控制。远程控制台、探照灯电源线路应在配电房内单独控制
89	消防器材		👁	①消防器材配备齐全，性能可靠，有检查记录
90	动火审批		👁	①井场动火有动火审批手续
91	车辆防火		👁	①打开油气层后进入井场的车辆必须佩戴防火装置，并按规定路线行驶

续表

序号	检查项目（部位）	图示	检查方法	检查项点
92	防护监督设施配备		👁️👉	①一级风险天然气井应配备1套固定式气体检测系统，5台便携式复合气体监测仪，1台高压呼吸空气压缩机，当班生产人员每人应配备1套正压式空气呼吸器，并配备一定数量的正压式空气呼吸器作为公用。②二级风险天然气井、一级风险油井、二级风险油井中的原始气油比大于$100m^3/t$的井应配备1套固定式气体检测系统，配备3台便携式复合气体监测仪，1台高压呼吸空气压缩机，当班生产人员每人应配备1套正压式空气呼吸器。③其他风险井应配备3台便携式复合气体监测仪、1台高压呼吸空气压缩机、6套正压式空气呼吸器
93	加重材料等储备		👁️	①按钻井设计要求提前准备好加重材料：天然气一级风险井60t，二级风险井50t；油井一级风险井50t，二级、三级风险井30t和加重钻井液，高含硫井储备一定数量除硫剂；有风向标（井架、钻台上、井场盛行风入口处）
94	有毒有害防护		👥	①对作业人员进行H_2S、CO安全防护知识培训学习，查看记录及现场提问岗位人员（含硫油气井作业相关人员应进行专门的H_2S防护培训，首次培训时间不少于15h，每2年复训一次，复训时间不少于6h）；含硫油气井钻入含硫油气层前，应将机泵房、循环系统及二层台等处设置的防风护套和其他类似的围布拆除。②寒冷地区在冬季施工时，对保温设施采取相应的通风措施，以保证工作场所空气流通
95	岗位工人技能		👥	①现场提问不同岗位2～3名职工或组织考试
96	技术人员技能		👥	①提问技术员压力概念、关井压井的关键环节及计算等井控知识

- 75 -

续表

序号	检查项目（部位）	图示	检查方法	检查项点
97	管理人员技能			①现场提问钻井队干部是否掌握施工区块、施工井的井控风险以及应采取的防范措施
98	应急程序编制			①常规井应急预案由钻井队编制、项目部主管部门审核后执行，现场监督备案。②特殊工艺井等由项目部主管部门编制和审核后执行，项目部主管部门备案。③按要求进行预案演练，现场抽查预案演练记录或观摩一次预案演练
99	应急程序演练			①现场提问相关人员及配合单位人员的井控职责，配合单位人员应参加钻井队防喷演习和预案演练

第三章

岗位 HSE 检查表

第一节　岗位交接班 HSE 检查表

一、岗位交接班 HSE 检查

钻井队接班人员检查时，交班人员应在岗位现场；接班人员应按照巡回检查路线，对照岗位交接班检查表逐项进行检查，并与交班人员进行沟通。大班人员应按照巡回检查路线，对关键环节和要害部位进行巡查。岗位检查应在接班前 30min 完成，检查的结果应在班前会上安排逐岗位通报；交接班检查提出的问题应由值班干部安排协调解决，并对问题、处理措施及结果进行记录。

二、ZJ70DB 钻机岗位交接班 HSE 检查表

ZJ70DB 钻机岗位交接班安全检查表，共有场地工交接班 HSE 检查表、外钳工交接班 HSE 检查表、内钳工交接班 HSE 检查表等 14 个，见表 3–1 至表 3–14。

三、ZJ70LDB 钻机岗位交接班 HSE 检查表

ZJ70LDB 钻机共有场地工交接班 HSE 检查表、外钳工交接班 HSE 检查表、内钳工交接班 HSE 检查表等 13 个岗位交接班安全检查表，见表 3–15 至表 3–27。

四、ZJ50DB 钻机岗位交接班 HSE 检查表

ZJ50LDB 钻机共有场地工交接班 HSE 检查表、外钳工交接班 HSE 检查表、内钳工交接班 HSE 检查表等 13 个岗位交接班 HSE 检查表，见表 3–28 至表 3–40。

表 3–1　J70DB 钻机场地工 HSE 检查表

交班人（签字）：					日期：	

巡回检查路线：值班房→安全警示标识牌→场地→场地工具架→排污泵→振动筛→除气器→一体机→一体机灌注泵→离心机→循环罐搅拌机→循环罐罐面→井控坐岗房→正压呼吸器→井控坐岗房资料→液面报警器→洗眼器→生产水罐→值班房

序号	检查项目（部位）	图示	检查方式	检查项点	检查结果（检查结果正常用"√"，存在问题用"×"）
1	安全警示标识牌		👁	①各类 HSE 标牌及安全警示牌栽放垂直、整齐，牌面干净、清晰	
2	场地		👁	①场地平整、清洁，无杂物。②管架区隔离彩带齐全。③管架挡销齐全完好，别针齐全	
3	场地工具架		👁	①场地工具摆放整齐，数量齐全	
4	排污泵		👁	①排污泵高度合适，吸入钻井液无有害固相。②管线完好无刺漏	
5	振动筛		👁👂	①卫生清洁。②各紧固螺栓固定牢靠。③启动开关按钮、电路正常，标识清楚。④电机运转平稳，启动无异常杂音	
6			👁	①筛布清洁无破损，仰角合适，不跑钻井液。②振动筛下挡泥板的岩屑及时清理。③筛布固定牢靠	

续表

序号	检查项目（部位）	图示	检查方式	检查项点	检查结果（检查结果正常用"√"，存在问题用"×"）
7	除气器		看/听	①卫生清洁，固定牢靠。②排气管线无破损现象，压力正常。③灌注泵保养油料油质合格、油量充足，运转平稳无异常杂音，盘根不刺不漏。④连接管线牢靠，螺纹齐全，管线连接处不漏不刺	
8	一体机		看	①卫生清洁，固定牢靠。②旋流器工作正常，喷嘴处钻井液呈伞状	
			看	①压力表工作压力0.25~0.35MPa。②连接管线牢固，螺栓齐全，管线连接处不刺不漏	
9	一体机灌注泵		听/看/摸	①灌注泵保养油料油质合格、油量充足。②运转平稳，无异常杂音。③盘根不刺不漏。④各闸门活动灵活	
10	离心机		看	①卫生清洁，固定牢固。②润护良好，内腔清洁，保养到位。③连接管线牢固，螺纹齐全，管线连接处不刺不漏。④除泥效果好，不跑钻井液	
11			测/看/听	①供液泵运转平稳，启动无异常杂音。②离心机净化上下旋流比重差值大于$1.5g/cm^3$。③供液泵盘根不刺不漏	

续表

序号	检查项目（部位）	图示	检查方式	检查项点	检查结果（检查结果正常用"√"，存在问题用"×"）
12	循环罐搅拌器		看、听	①循环罐上搅拌器运转平稳，无异常声音。②卫生清洁，固定牢靠。③润滑机油液面在观察孔高度	
13	循环罐罐面		看	①罐面卫生清洁。②井控设施齐全，工作正常。③栏杆固定牢固，所有销子、别针齐全	
14	井控坐岗房		看	①坐岗房清洁卫生。②固定式气体检测仪主机工作正常，数据反映真实准确	
15	正压呼吸器		看	①气瓶固定牢靠。②面罩清洁。③管线无破损。④压力 25～30MPa	
16	井控坐岗资料		看	①钻井液性能按要求测量，记录真实。②钻进工况钻井液量变化、起钻灌入、下钻返出量记录填写齐全真实	

续表

序号	检查项目（部位）	图示	检查方式	检查项点	检查结果（检查结果正常用"√"，存在问题用"×"）
17	液面报警器		👁	①液面报警器按时记录液面变化，上下限位阀体积差值小于或等于1.0m³。②确保气路畅通，出现异常及时鸣笛报警	
18	洗眼器		👁✋	①洗眼器打压正常，管线通畅，水质清洁。②洗眼器水更换记录填写真实	
19	生产水罐		👁✋	①控制电源箱固定牢靠。②各按钮开关齐全，有效使用。③线路无损坏、断接，接地保护良好	
			👁	①生产水储备量大于或等于60m³，满足配浆需要	
不符合及整改情况					

接班人（签字）： 日期： 副司钻（签字）：

表 3-2 ZJ70DB 钻机外钳工 HSE 检查表

交班人（签字）：　　　　　　　　　　　　　　　　日期：

巡回检查路线：值班房→钻台→手工具→液气大钳→综合液压泵站→外钳及液压猫头→B 型钳→值班房

序号	检查项目（部位）	图示	检查方法	检查项点	检查结果（检查结果正常用"√"，存在问题用"×"）
1	值班房		看	①岗位交接班记录填写规范齐全，签字及时	
2			看	①黄油枪使用灵活。 ②管钳完好。 ③链钳完好	
3	钻台				
			看	①螺纹脂数量符合要求、密封好、无泥沙、无硬块、油桶清洁，铅油刷完好。 ②黄油桶完好、清洁	

续表

序号	检查项目（部位）	图示	检查方法	检查项点	检查结果（检查结果正常用"√"，存在问题用"×"）
4	钻台			①钻台面上卫生清洁，防滑垫摆放整齐，工字块齐全	
5	钻台			①钻台工具摆放整齐。②安全通道畅通	
6	钻台			①检查正压呼吸器压力25～30MPa，面罩清洁，管线无破损，气瓶固定牢靠	
7	钻台			①检查钻台气瓶放水情况，并做到定时放水	
8	手工具			①扳手、螺丝刀、榔头、钻杆钩子、刮泥器、链钳、管钳等手工具齐全，无损坏	

续表

序号	检查项目（部位）	图示	检查方法	检查项点	检查结果（检查结果正常用"√"，存在问题用"×"）
8	手工具		眼 手	②工具箱清洁，摆放整齐	
9	液气大钳		眼	①液气大钳护罩无变形，各销子齐全，运转正常。②钳牙固定牢靠。③镶块无断裂	
10			眼 手	④刹带清洁无油污，油量充足，无渗漏。⑤伸缩气缸固定牢靠。⑥保险绳无断丝	
11			眼	⑥ ϕ16mm 吊绳无断丝、无变形，吊绳每端用3个同样尺寸的绳卡卡紧，绳卡间距为绳径的 6~8 倍	
12	综合液压泵站		眼	①综合液压站卫生清洁，各开关手柄灵敏，指示灯显示正常。②液压泵站运转正常无异响、清洁卫生，油量高于下刻度线，油温不高于 60℃；各管线连接无渗漏，标识清晰	

续表

序号	检查项目（部位）	图示	检查方法	检查项点	检查结果（检查结果正常用"√"，存在问题用"×"）
13	外钳及液压猫头		看	①液压猫头固定牢靠。 ②钢丝绳无断丝。 ③滚轮转动灵活。 ④黄油嘴齐全	
14	B 型钳		看	①内 B 型钳牵引绳用 ϕ16mm 的钢丝绳。 ②吊绳用 ϕ16mm 的钢丝绳，断丝不超过 5 丝。 ③吊绳用 3 个同样尺寸的绳卡卡紧，绳卡间距为绳径的 6～8 倍。 ④尾销、连接销、保险销齐全，保养到位，灵活好用。 ⑤钳体卫生清洁，调节平衡，灵活好用	
不符合及整改情况					

接班人（签字）：　　　　　日期：　　　　　副司钻（签字）：

表 3-3　ZJ70DB 钻机内钳工 HSE 检查表

交班人（签字）：						日期：	

巡回检查路线：值班房→盘刹液压泵站→指重表→B 型钳→液压猫头→绞车→自动送钻→盘刹→井口工具→上下旋塞→旋塞扳手→回压阀→提升短节→井控设备→值班房

序号	检查项目（部位）	图示	检查方法	检查项点	检查结果（检查结果正常用"√"，存在问题用"×"）
1	值班房		👁	①设备运转记录、交接班记录填写齐全、真实	
2	盘刹液压泵站		👁👂	①泵站运转正常无异响。 ②液压管线不渗不漏。 ③各管线接头、连接不刺不漏，标识清晰。 ④油泵与电机连接牢固	
3			👁	①液压油液面高于 40cm。 ②油温不高于 60℃	
4			👁	①控制面板电源开关按钮开关正常。 ②泵站温度高于 40℃开启冷却风机	

续表

序号	检查项目（部位）	图示	检查方法	检查项点	检查结果（检查结果正常用"√"，存在问题用"×"）
5	指重表			①固定螺钉齐全、紧固。 ②指针读数反应灵敏，准确。 ③液压管线不刺不漏	
6	B 型钳			①内 B 型钳牵引绳用 ϕ16mm 的钢丝绳。 ②吊绳用 ϕ16mm 的钢丝绳，断丝不超过 5 丝。 ③吊绳用 3 个同样尺寸的绳卡卡紧，绳卡间距为绳径的 6～8 倍。 ④尾销、连接销、保险销齐全，保养到位，灵活好用。 ⑤钳体卫生清洁，调节平衡，灵活好用	
7	液压猫头			①液压猫头钢丝绳为 ϕ22mm 的钢丝绳，断丝不超过 5 丝，无打扭，两端 3 个绳卡子卡牢，绳卡间距为绳径的 6～8 倍。 ②液压猫头润滑良好，黄油嘴齐全完好，无漏油，不用时及时回收。 ③固定牢靠	
8	绞车			①绞车外体清洁卫生，固定螺栓齐全完好，固定牢靠。 ②电机、联轴器固定牢靠，电机运转平稳无异响。 ③风机固定牢靠，风机及电机运转正常，无异响。 ④风机出口滤网干净。 ⑤电机锁紧装置正常	
9				①按周期保养到位，润滑良好，黄油嘴齐全，齿轮油油量高于下刻度线	

续表

序号	检查项目（部位）	图示	检查方法	检查项点	检查结果（检查结果正常用"√"，存在问题用"×"）
10	绞车		👁️👂	①变速箱机油泵组各泵运转正常无异响。 ②各管线不刺不漏。 ③压力表灵敏准确，压力 0.2～0.4MPa	
11	自动送钻		👁️🔧	①自动送钻固定螺栓紧固牢靠。 ②油位高于 20cm	
12			👁️👂	①导气龙头灵活好用，不漏气	
13	盘刹		👁️🔧	①盘刹灵敏可靠，调节灵活。 ②刹车钳架灵活，润滑良好，固定无松动。 ③刹车块厚度不少于 15mm；保险卡齐全。 ④管线无刺漏	

续表

序号	检查项目（部位）	图示	检查方法	检查项点	检查结果（检查结果正常用"√"，存在问题用"×"）
14	盘刹			①刹车块保险卡齐全。②安全钳刹车间隙 0.5mm，工作钳间隙 1mm。③刹车盘固定无松动，紧急刹车安全可靠	
15				①吊环、吊卡固定螺栓齐全完好，固定牢靠	
16	井口工具			①卡瓦灵活好用。②卡瓦牙完好无缺，牙体清洁，不打滑不松动	
17				①安全卡瓦大小销子连接牢靠。②销子保险链固定牢靠。③牙体齐全完好，清洁灵活	
18				①钻头盒无裂纹	

续表

序号	检查项目（部位）	图示	检查方法	检查项点	检查结果（检查结果正常用"√"，存在问题用"×"）
19	井口工具		目视	①鼠洞盖板固定螺钉紧固	
20	上下旋塞		目视	①上下旋塞开关灵活	
21	旋塞扳手		目视	①旋塞扳手位置摆放正确，易取好用	
22	回压阀		目视	①回压阀螺纹清洁无锈蚀，复位正常	

续表

序号	检查项目（部位）	图示	检查方法	检查项点	检查结果（检查结果正常用"√"，存在问题用"×"）
23	提升短节		目视	①提升短节摆放安全整齐，位置正确	
24	井控设备		目视	①内放喷管线连接牢固，法兰无刺漏。②节流管汇卫生干净。③放喷管线连接牢固，地锚螺钉紧固，钻井液回收管线固定牢靠	
				①压力表归零。②闸门润滑良好，活动灵活，颜色标识正确。③各闸门开关状态与挂牌相符。④节流管汇连接螺柱固定牢靠无松动	
不符合及整改情况					

接班人（签字）：　　　　日期：　　　　副司钻（签字）：

表 3—4 ZJ70DB 钻机井架工 HSE 检查表

| 交班人(签字): | | | | 日期: | |

巡回检查路线:值班房→转盘万向轴及电机风机→井架及底座→工业监控→梯子及护栏→逃生滑道→BOP 移动装置→二层台逃生装置→防坠落装置→顶驱→立管、水龙带及立管闸门组→气动绞车→载人小绞车→死绳固定器→远控房→防喷器→场地气动小绞车→固定式气体检测仪→值班房

序号	检查项目(部位)	图示	检查方法	检查项点	检查结果(检查结果正常用"√",存在问题用"×")
1	值班房			①顶驱运转记录、交接班记录填写齐全,准确	
2	转盘万向轴及电机风机			①转盘万向轴运转正常无异响	
3				①驱动电机、风机运转正常无异响。②转盘底座固定牢靠,锁销位置符合工况要求	
4	井架及底座			①井架及底座各部销子、安全别针、螺钉齐全紧固	
5	工业监控			①工业监控画面清晰,固定牢靠,各探头(CH1 二层台、CH2 振动筛、CH3 钻井泵、CH4 滚筒)角度合适	
6	梯子及护栏			①梯子及护栏安全完好。②安全别针齐全紧固。③保险绳无断丝,无挤压变形,连接牢固	
7	逃生滑道			①逃生滑道固定牢靠,别针齐全。	

续表

序号	检查项目（部位）	图示	检查方法	检查项点	检查结果（检查结果正常用"√"，存在问题用"×"）
7	逃生滑道			②沙坑平整无杂物	
8	BOP 移动装置			① BOP 移动装置清洁，无损坏	
9	二层台逃生装置			① 两地锚间距大于或等于 4m，露出地面不超过 0.2m，地锚 10m 范围内清洁，无易燃易爆、易腐蚀物品和障碍物，落地处有缓冲保护措施。② 逃生装置的连接件螺栓固定牢靠	
10	二层台逃生装置			① 上下手动控制器灵活，与上下绳相连，悬挂器、悬挂体、缓降器、绳卡连接固定牢靠。	

续表

序号	检查项目（部位）	图示	检查方法	检查项点	检查结果（检查结果正常用"√"，存在问题用"×"）
11	二层台逃生装置		👁👉	②下手动控制器腰钩拉紧后腰钩距地面1m	
12			👁	①上下拉绳、导向绳无断丝、腐蚀、挤压变形，导向绳松紧合适，与井架角度30°~70°，不与二层台相摩	
13	防坠落装置		👁👉	①钢丝绳上下固定牢靠，无损伤、腐蚀现象。②抓绳器上行灵活，自锁功能有效	
14	顶驱		👁	①顶驱运转正常，背钳工作可靠，各保养点维护保养到位	
15			👁	①阀门工作可靠，各管线连接部位可靠无渗漏，黄油嘴齐全	

续表

序号	检查项目（部位）	图示	检查方法	检查项点	检查结果（检查结果正常用"√"，存在问题用"×"）
16	顶驱		看、听	①顶驱滑轨、销钉、悬挂U形卡子、连接器齐全，固定牢靠无损伤，轨道无偏斜。②顶驱电机运转正常，无异常杂音，防爆接线盒密封严实	
17	立管、水龙带及立管闸门组		看	①立管固定牢靠，螺栓齐全紧固。②水龙带保险绳无断丝，无挤压变形，连接牢固。③保险绳间距合适，卡子牢固可靠	
18			看、操作	①立管固定牢靠，各闸门手柄齐全，灵活好用，活接头无松动，无刺漏。②闸门开关状态正确，挂牌齐全	
19	气动绞车		看	①钢丝绳排列整齐，灵活，好用，钢丝绳断不超过3丝	
20			看、操作	①吊钩安全完好，固定可靠	

续表

序号	检查项目（部位）	图示	检查方法	检查项点	检查结果（检查结果正常用"√"，存在问题用"×"）
21	气动绞车		目视	①绳卡固定牢靠，绳卡间距为绳子直径的6～8倍	
22	载人小绞车		目视	①载人小绞车钢丝绳排列整齐。②气源压力≤0.8MPa	
23	死绳固定器		目视	①挡绳销齐全紧固。②死绳固定螺柱齐全，固定牢靠	

续表

序号	检查项目（部位）	图示	检查方法	检查项点	检查结果（检查结果正常用"√"，存在问题用"×"）
24	死绳固定器		👁️👉	①死绳压板螺柱、并帽齐全紧固，卫生清洁。②绳卡固定牢靠	
25	远控房		👁️	①环形防喷器、全封剪切、半封防喷器处在开位。②截止阀处在关位	
26	防喷器		👁️	①阀门工作可靠，各连接管线无渗漏，黄油嘴齐全	
27	场地气动小绞车		👁️👉	①钢丝绳排列整齐。②手柄完好，控制灵敏。③油量油面高于观察孔的2/3	
28			👁️👉	①绳卡固定牢靠，间距为绳直径的6~8倍。②吊钩安全可靠及维护保养到位	

续表

序号	检查项目（部位）	图示	检查方法	检查项点	检查结果（检查结果正常用"✓"，存在问题用"×"）
29	固定式气体检测仪			①井口装置固定式气体检测仪完好灵敏，卫生清洁	
30				①终端显示屏屏面清洁，显示正常	

不符合及整改情况	

接班人（签字）：　　　　　　日期：　　　　　　副司钻（签字）：

表 3-5　ZJ70DB 钻机副司钻 HSE 检查表

交班人（签字）：	日期：

巡回检查路线：值班房→井深地层→循环罐→泵房工具箱→钻井泵→泵房坐岗记录→高压闸门组及高压管线→立管与高压软管→远控房→防提装置→值班房

序号	检查项目（部位）	图示	检查方法	检查项点	检查结果（检查结果正常用"✓"，存在问题用"×"）
1	值班房			①HSE 班前班后会记录、设备运转记录、交接班记录填写齐全，真实	
2	井深地层			①了解井深、地层	

续表

序号	检查项目（部位）	图示	检查方法	检查项点	检查结果（检查结果正常用"√"，存在问题用"×"）
3	循环罐		看	①循环罐梯子坡度≤60°	
4	循环罐		看	①循环罐面花栏板齐全、平整、清洁。 ②栏杆齐全，无损坏	
5			看/听	①罐内钻井液量充足。 ②搅拌器运转平稳，无异常杂音。 ③固控设备运转正常，无异响。 ④各闸门开关状态正确，符合工艺流程	
6	泵房工具箱		看	①工具齐全、完好、清洁，摆放整齐；有备用易损配件	
7			看	①钻井泵机油油品清洁，油面高于下刻度线	
8	钻井泵		看	①机油泵运转正常，无异常杂音，盘根无刺漏。 ②各连接管线无泄漏	
9			看/听	①泵护罩齐全无破损。 ②喷淋泵运转正常无异响，盘根无刺漏。 ③水箱冷却水清洁充足	

续表

序号	检查项目（部位）	图示	检查方法	检查项点	检查结果（检查结果正常用"√"，存在问题用"×"）
10	钻井泵		看、听、摸	①液力端上水管线上水良好，泵运转声音平稳，无异常杂音。②缸套、活塞、阀体无刺漏	
11	钻井泵		看、摸	①拉杆卡子无松动	
12	钻井泵		看、摸	①泵顶丝无松动。②锁紧装置齐全完好	
13	钻井泵		看、摸	①泵电机及风机固定无松动。②泵电机运转平稳无异常杂音。③泵电机护罩齐全无破损。④泵电机线路无损坏，棱角有衬垫	
14	钻井泵		看	①安全阀销钉与缸套压力相配，护罩齐全	
15	钻井泵		看、摸	①泄压管线保险绳符合标准（直径为 $\phi 12.7mm$）。②绳卡间距为绳径的6～8倍。③法兰连接及固定螺栓齐全。④泄压管线固定牢靠，位置符合标准	

续表

序号	检查项目（部位）	图示	检查方法	检查项点	检查结果（检查结果正常用"√"，存在问题用"×"）
16	钻井泵			①空气包螺柱齐全紧固，开关不漏气。②压力表压力位3.5～4.5MPa	
17				①泵压表读数灵敏，指针泄压后能及时回位	
18	泵房坐岗记录			①泵房坐岗记录填写及时，真实准确	
19	高压闸门组及高压管线			①闸门开关灵活好用，润滑良好。②活接头连接紧固，不刺不漏。③闸门开关状态准确，挂牌齐全	
20				①高压管线地锚固定牢靠	

续表

序号	检查项目（部位）	图示	检查方法	检查项点	检查结果（检查结果正常用"√"，存在问题用"×"）
21	立管与高压软管		目视	①立管固定牢靠。②高压软管保险绳符合标准（直径为 $\phi 12.7mm$）。③绳卡间距为绳径的6～8倍，固定间距均匀、牢靠，钢丝绳无断裂	
22			目视	①电源线必须为专线 $6mm^2$，棱角处有衬垫，无断接、破损。②电控开关处于自动位置，油泵处于自动运转状态	
23	远控房		目视	①液压油液面高于下刻度线	
24			目视	①液压管线不刺不漏	

续表

序号	检查项目（部位）	图示	检查方法	检查项点	检查结果（检查结果正常用"√"，存在问题用"×"）
25	远控房		看听	①柱塞泵运转平稳，无异响。②气泵运转平稳，无异响。③压力表灵敏。④远控房卫生干净，无油污	
26			看	①储能器开关处于开位。②各开关位置与现场工况符合，工作时始终处于开位	
27			看	①储能器压力为18.5～21MPa。②管汇压力为10.5MPa。③环形防喷器的控制压力为10.5MPa。④气源压力为0.65～0.8MPa。⑤调压阀正常	
28	防提装置		看听	①防提安全装置管线连接正确，不漏气	

不符合及整改情况

接班人（签字）：　　　　日期：　　　　司钻（签字）：

表 3—6 ZJ70DB 钻机司钻 HSE 检查表

| 交班人（签字）： | | | | 日期： | |

巡回检查路线：值班房→材料配件→过卷阀→插拔式防碰天车→立管压力表→指重表→死绳固定器→绞车电机→气动小绞车→载人小绞车→液压猫头→盘刹→绞车机油泵→盘刹液压站→活绳头→顶驱→司控台→司控房→自动送钻→保险带→差速器→BOP 滑轮与吊钩→场地气动小绞车→值班房

序号	检查项目（部位）	图示	检查方法	检查项点	检查结果（检查结果正常用"√"，存在问题用"×"）
1	材料配件		目视	①配件储备充足，摆放整齐，挂牌归类，卫生清洁	
2	过卷阀		目视	①振动筛、②除气器、③除砂器、除泥器、④高、低速离心机、⑤各搅拌器电机等运转正常，工作状况良好，维护保养到位	
3	插拔式防碰天车		目视	①筛布、②电机及护罩固定牢固	
4	立管压力表		目视	①压力表灵敏可靠，冬季不冻，无压力时归零	

续表

序号	检查项目（部位）	图示	检查方法	检查项点	检查结果（检查结果正常用"√"，存在问题用"×"）
5	指重表			①减压阀、各管线、接头不漏油。②悬重与实际相符，指重表与记录仪读数一致，灵敏准确，空悬重260kN与实际重量相符	
6	死绳固定器			①死绳固定器螺栓紧固。②挡销齐全。③钢丝绳排列整齐。④安全绳绳卡数量足够，间距是大绳直径的6～8倍。⑤标识清晰。⑥传压器接头无渗漏，间隙在8～12mm，符合要求	
7	绞车电机			①电机运转平稳无异响，转轴部分温度正常。②主电机固定牢靠，各部分螺钉紧固齐全。③电机接线无磨损、松动，棱角处防磨措施到位，防爆接线盒螺钉齐全紧固	
8				①风机运转正常无异响。接线无磨损、松动，密封措施到位。②风机滤网干净，出风量正常	
9	气动小绞车			①钢丝绳排列整齐，灵活，好用，钢丝绳断丝不超过3丝	

续表

序号	检查项目（部位）	图示	检查方法	检查项点	检查结果（检查结果正常用"√"，存在问题用"×"）
10	气动小绞车		目视	①吊钩安全完好，固定可靠	
11			目视	①绳卡固定牢靠，绳卡间距为绳子直径的6～8倍	
12	载人小绞车		目视	①载人小绞车钢丝绳排列整齐。②气源压力≤0.8MPa	
13	液压猫头		目视	①液压猫头固定牢靠，螺钉紧固	

续表

序号	检查项目（部位）	图示	检查方法	检查项点	检查结果（检查结果正常用"√"，存在问题用"×"）
13	液压猫头			②管线无渗漏。 ③黄油嘴齐全完好	
14				①钳尾绳断丝不超过3丝。 ②绳卡固定牢靠，间距是绳子直径的6～8倍	
15	盘刹			①盘刹卫生清洁，各管线连接可靠，无渗漏。 ②盘刹间隙：工作钳≤1mm。 ④安全钳≤0.5mm，刹车片磨损单边≤0.5mm。 ③各工作钳油缸弹簧固定牢靠	
16	绞车机油泵			①绞车机油泵运转正常。 ②管线连接可靠无渗漏。 ③绞车机油高于下刻度2/3，机油压力≤0.25MPa	
17	盘刹液压站			①盘刹液压站卫生清洁，油面在70mm以上，油温在40℃以下。 ②管线、接头不刺不漏	

续表

序号	检查项目（部位）	图示	检查方法	检查项点	检查结果（检查结果正常用"√"，存在问题用"×"）
18	盘刹液压站		目视	①系统压力、左右钳压力、工作压力均不超过0.8MPa，压力表工作正常	
19	压站		目视	①活绳头用板固定良好。②安全绳绳卡数量足够，紧固。③标识清晰	
20	顶驱		目视	①顶驱运转正常，背钳工作可靠，各保养点维护保养到位	
			目视	①阀门工作可靠，各连接管线无渗漏，黄油嘴齐全	
21	司控台		目视	①阀门工作可靠，各连接管线无渗漏，黄油嘴齐全	

续表

序号	检查项目（部位）	图示	检查方法	检查项点	检查结果（检查结果正常用"√"，存在问题用"×"）
22	司控台		眼看手摸	①各仪表齐全完好，储能器压力为 18.5～21MPa，管汇及控制环形防喷器的压力为 10.5MPa，气源压力为 0.65～0.8MPa。 ②手柄灵活，位置正确，各压力表灵敏，操作台各阀件齐全，全封剪切闸板、半封闸板防喷器、环形防喷器处于开位。 ③司控台卫生干净，固定牢靠	
23	司控房		眼看手摸	①司控房内卫生清洁，固定牢靠，气源压力 0.65～0.8MPa，工作钳压力 0.8MPa，安全钳压力 0.8MPa，各显示器工作正常，数据齐全、准确，触摸灵敏，切换灵敏。 ②能耗制动手柄、盘刹手柄操作灵敏，各调速手轮灵敏好用，各开关灵敏可靠，紧急制动可靠	
24	司控房		眼看手摸	①顶驱控制柜固定牢靠，系统各参数仪表读数准确，各按钮灵活好用，顶驱工作正常	
25	司控房		眼看手摸	①工业监控显示清晰。 ②工业监控系统工作正常，切换按钮灵敏	

续表

序号	检查项目（部位）	图示	检查方法	检查项点	检查结果（检查结果正常用"√"，存在问题用"×"）
26			看	①指重表、泵压表、转速表、扭矩表、冲数等各种仪表参数显示正常，无报警。②电压、电流、频率符合设备运转要求	
27	司控房		看	①坐岗记录填写及时规范	
28			看	①司控房控制电源	
29			看	①联轴器固定牢靠，运转正常	
30	自动送钻		看	①自动送钻装置管线连接无刺漏，油压、油位正常，电机固定牢靠，运转正常	
31	保险带		看	①保险带双挂钩完好、清洁	

续表

序号	检查项目（部位）	图示	检查方法	检查项点	检查结果（检查结果正常用"√"，存在问题用"×"）
32	差速器		👁👉	①差速器及挂钩完好。②钢丝绳完好，安全可靠	
33	BOP 滑轮与吊钩		👁👉	①滑轮与滑道的固定牢靠，钢丝绳、吊钩完好	
34			👁👉	①钢丝绳排列整齐。②手柄完好，控制灵敏。③油量油面高于观察孔 2/3	
35	场地气动小绞车		👁👉	①绳卡固定牢靠，间距为绳直径的 6～8 倍。②吊钩安全可靠及维护保养到位	
不符合及整改情况					

接班人（签字）： 　　　日期： 　　　机械工长/大班司钻（签字）：

表 3–7 ZJ70DB 钻机柴油机司机 HSE 检查表

交班人（签字）：　　　　　　　　　　　　　　　　日期：

巡回检查路线：值班房→电缆槽→下埋电缆→卡特发电机→气源房→顶驱房→VFD房→柴油罐→润滑油区→油罐区消防设施→机房区消防设施→值班房

序号	检查项目（部位）	图示	检查方法	检查项点	检查结果（检查结果正常用"√"，存在问题用"×"）
1	值班房		👁️👉	①设备保养记录齐全、完整、准确、清洁，机房大班签字确认	
2	电缆槽		👁️👉	①电缆槽卫生清洁,齐全完好。②电缆摆放整齐，无打结、无磨损、无油污、无挤压变形及绝缘橡胶老化	
3	下埋电缆		👁️	①下埋电缆无露出地面，警示牌完好齐全	
4	卡特发电机		👁️👉	①卡特发电机固定螺栓紧固，卫生清洁，机体无悬空，无晃动	
5			👁️	①防冻液面在观察孔1/3处位置，防冻液清洁	

续表

序号	检查项目（部位）	图示	检查方法	检查项点	检查结果（检查结果正常用"√"，存在问题用"×"）
5	卡特发电机		👁	②运转设备机油油位在上线与下线中间	
6			👁👆	三滤（①空滤、③机滤、④柴滤）干净，无堵塞。②压差表表针在绿区	
7			👁👆👃	①各管线接头无渗漏，供气系统各管线密封不漏气，供气不短路，机油、柴油不渗漏	
8			👁👆👃	①风扇传动轴轴承润滑良好，温度不超过50℃。②皮带松紧度在允许范围内	

续表

序号	检查项目（部位）	图示	检查方法	检查项点	检查结果（检查结果正常用"√"，存在问题用"×"）
9	卡特发电机		看	①中冷器、②油冷器散热正常。 ②增压器工作正常无异响	
10			看	①紧急关断开关处于开位	
11			看	①消音灭火装置齐全完好。 ②安装固定螺栓固定可靠	
12			看	①各个按钮和旋钮灵活好用，标示清楚。 ②发电机供电系统良好，各参数正常（转速正常，水温75～85℃，机油温度65～75℃），各个指示灯与报警灯正常。 ③仪表表面清洁，柴油油压、机油油压、冷却水温指针位置符合要求	
13			看	①线头接触无松动	

续表

序号	检查项目（部位）	图示	检查方法	检查项点	检查结果（检查结果正常用"√"，存在问题用"×"）
14			👁	①房内无杂物，房内地板绝缘橡胶无腐蚀、老化、损坏	
15			👁	①发电房与电控房连接线防雨盖板完好，无磨损现象	
16	卡特发电机		👁✋	①各仪表参数在正常范围内（有功功率1200W、交流电流≤2000A），各指示灯显示正常，转速控制按钮以及速度调节、电压调节旋钮灵敏正常	
17			👁✋	①频率表（50Hz）、同步表、电压表（600V），接地电阻（＜4Ω）等各参数在正常范围，同步指示灯、接地故障指示灯显示正常	
18	气源房		👁✋	①压缩机启动控制按钮灵敏正常。②压缩机工作参数（压力、温度、运行状态）正常。③压缩机紧急停止按钮灵敏好用	

续表

序号	检查项目（部位）	图示	检查方法	检查项点	检查结果（检查结果正常用"√"，存在问题用"×"）
19	气源房		目视	①压缩空气储罐压力在正常范围（0.6～0.8MPa）	
20			目视、手摸、耳听	①压缩机机油在上线与下线中间，油质符合要求。②空气滤芯过滤良好。③散热片散热良好。④安全阀放气灵敏可靠，在检验日期之内	
21			目视	①压缩空气储安全阀放气灵敏可靠	
22			目视、手操作	①电源指示灯、运行状态指示灯正常。②控制按钮灵敏正常，运行参数（压力、运行时间）在正常范围内	
23			目视	①干燥塔压力表正常，压力在正常范围内(0.2～0.3MPa)	
24			目视	①各阀门灵活好用，管线及接头处无漏气	

续表

序号	检查项目（部位）	图示	检查方法	检查项点	检查结果（检查结果正常用"√"，存在问题用"×"）
25	顶驱房		看	①各供电单元工作正常，各指示灯与故障报警灯正常。②各参数（工作电压、进线电压、功率、接地电阻）在正常范围内	
26	顶驱房		看	①空调控制面板工作正常，出风量正常，空调运转无异响，温度保持在20～23℃	
27	顶驱房		看	①房内清洁，无灰尘，房内地板绝缘橡胶无腐蚀、老化、损坏，房内保持干燥	
28	顶驱房		看	①房内地板绝缘橡胶无腐蚀、老化、损坏	
29	VFD房		看、听	①空调运行状态正常，温度保持在23～25℃。②空调滤网清洁卫生，无灰尘堵塞现象	
30	VFD房		看	①触摸显示屏各参数与实际工况相符，触摸屏灵敏好用，屏面清洁	
31	VFD房		看	①抽箱开关转动灵活，供电正常。②指示灯正常	

续表

序号	检查项目（部位）	图示	检查方法	检查项点	检查结果（检查结果正常用"√"，存在问题用"×"）
32	VFD 房		👁️✋	①灭火器喷管无龟裂，喷头无缺失。②二氧化碳灭火器型号符合标准，称重在原始重量的95%之内	
33			👁️✋	① S7-300PLC 模块供电正常，指示灯正常。②接线插排紧固牢靠，线头接触紧固无松动	
34	柴油罐		👁️✋	①柴油储备量充足	
35			👁️👂	①卸油泵运转正常，无异响。②强化过滤器工作正常，罐区卫生清洁	
36			👁️✋	①油管线无渗漏。②油罐区防污地膜完整无缺，无跑、冒、滴、漏现象	

续表

序号	检查项目（部位）	图示	检查方法	检查项点	检查结果（检查结果正常用"√"，存在问题用"×"）
37	柴油罐			①油罐体接地线牢固可靠。②卸油泵卸油专用接地桩接地安全可靠	
38				①溢流堤长宽高标准为 50×30×10cm	
39	润滑油区			①物品摆放整齐，卫生状况良好，润滑油区分类摆放	
40	油罐区消防设施			①消防锹4把，消防桶4个。②油罐区4具MFZ/ABC8型灭火器。③消防砂 4m³	
41	机房区消防设施			①机房区MT5型灭火器外观无锈蚀、变形。②喷管完好无老化，铅封有效无损坏，压力表指针指示在绿色区间，称重在原始重量的95%内	
不符合及整改情况					

接班人（签字）：　　　　日期：　　　　司机长（签字）：

表 3—8　ZJ70DB 钻机大班司钻 HSE 检查表

| 交班人（签字）： | | | | | 日期： | |

巡回检查路线：值班房→指重表→插拔式防碰天车→滚筒大绳与过卷阀→死绳固定器与压力传感器→盘刹→排绳器→顶驱→司控房→活绳头→电机与联轴器→导气龙头→循环罐→钻井泵→泵房坐岗记录→高压闸门组及地面高压管汇→节流管汇与液气分离器→防喷器与四通→压井管汇→远控房→点火装置→正压呼吸器及充气机→材料房→值班房

序号	检查项目（部位）	图示	检查方法	检查项点	检查结果（检查结果正常用"√"，存在问题用"×"）
1	值班房		👁	①了解各资料（设备运转记录、井控装置检查保养记录、HSE 会议记录、班前班后会记录）等	
2	指重表		👁	①指重表指示压力准确、灵敏好用。②液压管线不渗不漏，冬季包扎完好。③表盘卫生干净	
3	插拔式防碰天车		👁✋	①工作正常，安全灵敏可靠	
4			👁	①插拔式钢丝绳松紧合适。②绳卡间距为钢丝绳直径的 6～8 倍，数量充足	
5	滚筒大绳与过卷阀		👁	①过卷阀安全可靠灵敏，背帽紧固。②断丝不超过 3 根。③大绳排列整齐，无乱绳、夹绳现象，润滑良好	

续表

序号	检查项目（部位）	图示	检查方法	检查项点	检查结果（检查结果正常用"√"，存在问题用"×"）
6	死绳固定器与压力传感器		目视	①死绳固定器螺柱紧固。 ②挡销齐全。 ③钢丝绳排列整齐。 ④安全绳绳卡数量足够，间距是大绳直径的6～8倍。 ⑤标识清晰。 ⑥传压器接头无渗漏。 ⑦间隙在8～12mm，符合要求	
7	盘刹		目视	①盘刹灵敏可靠，调节灵活。 ②安全钳与工作钳工作状况良好。 ③刹车块单边不少于15mm，磨损后厚度不少于12mm。 ④管线无刺漏。 ⑤刹车毂完好无油污，卫生干净	
8			目视	①刹车块紧固螺钉无缺失。 ②安全钳与盘刹之间间隙大于1mm时应调整，保证摩擦毂与摩擦片之间的间隙为0.5mm。 ③液压盘刹摩擦片无偏磨及损坏，无缺失	
9	排绳器		目视	①排绳器固定牢靠。 ②保养到位，黄油嘴无缺失，工作状况良好	

续表

序号	检查项目（部位）	图示	检查方法	检查项点	检查结果（检查结果正常用"√"，存在问题用"×"）
10	顶驱		👁	①顶驱运转正常。 ②各连接管线固定可靠，无渗漏。 ③维护保养到位，黄油嘴完好	
11	司控房		👁✋	①能耗制动工作状况良好。 ②液压盘刹工作可靠。 ③驻车、紧急制动性能良好，安全可靠。 ④指重表灵敏可靠。 ⑤各调速手轮灵敏好用。 ⑥话筒工作正常	
12			👁✋	①灵敏表与记录仪读数一致，灵敏准确。 ②各开关灵敏可靠，固定牢靠，标识清楚	
13			👁	①泵压表灵敏可靠。 ②显示器工作正常，数据齐全准确，触摸灵敏，卫生清洁，切换灵敏。 ③安全钳与工作钳工作压力符合规定要求	
14			👁	①八参仪工作正常，转速、扭矩、冲数等各项参数显示正常，无报警。 ②工业监视器正常	
15	活绳头		👁	①活绳头用板固定良好。 ②安全绳绳卡数量足够，紧固。 ③标识清晰	

- 124 -

续表

序号	检查项目（部位）	图示	检查方法	检查项点	检查结果（检查结果正常用"√"，存在问题用"×"）
16	电机与联轴器		看听	①绞车外体清洁卫生，固定螺栓齐全完好，固定牢靠。②电机、联轴器固定牢靠，电机运转平稳无异响。③风机固定牢靠，风机及电机运转正常无异响。④风机出口滤网干净。⑤电机锁紧装置正常	
17	导气龙头		看	①导气龙头、气管线不漏气	
18	循环罐		听看摸	①离心机、一体机运转正常，工作状况良好。②液位监控报警正常，固定牢靠，工作正常。③液面报警器气管线不漏气。④闸门开关状态正确，活动灵活，标识清楚	
19			听看	①振动筛、除气器运转正常，工作状况良好	
20			听看摸	①灌注泵保养油料油质合格，油量充足。②运转平稳无异常杂音。③盘根不刺不漏。④各闸门活动灵活	
21			听看摸	①剪切泵、配浆漏斗工作状况良好。②闸门开关灵活	

续表

序号	检查项目（部位）	图示	检查方法	检查项点	检查结果（检查结果正常用"√"，存在问题用"×"）
22	循环罐			①射流漏斗工作状况良好。②闸门开关灵活	
23				①设备运转正常，润滑良好，动力端声音正常。②液力端冷却良好，无刺漏现象。③护罩齐全完好，固定牢靠	
24				①润滑油液面高于下刻度线2/3，油质清洁	
25	钻井泵			①安全泄压阀工作可靠，剪切销安装位置的压力等级与缸套内径尺寸相匹配，保险压力符合要求。②保险绳符合标准（直径为 $\phi 12.7mm$）	
26				①保养牌填写规范，准确	

续表

序号	检查项目（部位）	图示	检查方法	检查项点	检查结果（检查结果正常用"√"，存在问题用"×"）
27	钻井泵		👁	①钻井泵压力表灵敏可靠。②校验标志清晰	
28			👁	①空气包压力表工作正常，压力符合要求（不超过4.5MPa）	
29	泵房坐岗记录		👁	①泵压房坐岗记录填写及时、准确	
30	高压闸门组及地面高压管汇		👁	①闸门开关灵活好用，润滑良好，管汇无刺漏。②闸门开关状态与标识相符。③活接头连接处无刺漏现象	
31			👁	①高压管汇地锚固定牢靠	

续表

序号	检查项目（部位）	图示	检查方法	检查项点	检查结果（检查结果正常用"√"，存在问题用"×"）
32	节流管汇与液气分离器			①节流管汇、液气分离器各闸门开关状态正确。 ②挂牌与闸门开关状态相符	
33	防喷器与四通			①液压防喷器组、钻井四通、各闸门开关状态正确。 ②挂牌与闸门开关状态相符	
34	压井管汇			①压井管汇各闸门开关状态正确。 ②挂牌与闸门开关状态相符	
35	远控房			①动力泵工作状况良好。 ②气泵工作正常。 ③压力表压力显示符合标准要求，指针灵活，显示数据准确。 ④各连接管线无刺漏	
36				①储能器压力为18.5～21MPa。 ②管汇压力为10.5MPa。 ③环形防喷器的控制压力为10.5MPa。 ④气源压力为0.65～0.8MPa。 ⑤调压阀正常	

续表

序号	检查项目（部位）	图示	检查方法	检查项点	检查结果（检查结果正常用"√"，存在问题用"×"）
37	远控房		👁	①油箱油量充足及质量符合要求	
38			👁✋	①各控制手柄灵活好用，不漏油	
39	点火装置		👁	①放喷管线点火装置及点火器完好	
40	正压呼吸器及充气机		👁✋	①气瓶固定牢靠。②面罩清洁。③管线无破损。④正压呼吸器压力25～30MPa，低压报警正常	
41			👁	①充气机工作正常，保养到位	
42	材料房		👁	①检查常用配件的备用数量，及时向副队长提供材料计划	
不符合及整改情况					

接班人（签字）：　　　　　　日期：　　　　　　值班干部（签字）：

表 3-9　ZJ70DB 钻机机械工长 HSE 检查表

交班人（签字）：					日期：	

巡回检查路线：值班房→材料房→钳工房→固控设备→钻井泵→高压闸门组及管汇→绞车变频电机及风机→气动小绞车→载人小绞车→液压猫头→盘刹→绞车机油泵→盘刹液压站→综合液压站→顶驱背钳及连接管线→司控台→游车→保险带→防坠落装置→二层台逃生装置→BOP 滑轮与吊钩→场地气动小绞车→值班房

序号	检查项目（部位）	图示	检查方法	检查项点	检查结果（检查结果正常用"√"，存在问题用"×"）
1	材料房		👁	①配件储备充足，摆放整齐，挂牌归类，卫生清洁	
2	钳工房		👁	①工具、设备摆放整齐，房内无易燃物，卫生清洁	
3			👁	①控制开关灵敏可靠，指示灯显示正常。②面罩清洁完好	
4			👁✋	①砂轮机开关按钮灵敏正常。②护罩完好，砂轮片完好无破损	
5			👁✋	①等离子切割机电缆完好，接地线规范，管线完好无龟裂，摆放整齐	

续表

序号	检查项目（部位）	图示	检查方法	检查项点	检查结果（检查结果正常用"√"，存在问题用"×"）
6	钳工房		看、指	①氧气、乙炔库存量满足施工要求，隔离存放，气瓶胶圈护帽齐全完好，合格证在有效期内	
7	钳工房		看、指	①氧气、乙炔表完好，在有效期内，回火止回阀安装到位	
8	钳工房		看	①电焊机接地良好。②电焊机外观完好，工作正常	
9	钳工房		看	①焊条数量足，型号合适。②防烫伤手套完好无破损	
10	固控设备		看、指	①振动筛、②除气器、③除砂器、除泥器、④高、低速离心机、⑤各搅拌器电机等运转正常，工作状况良好，维护保养到位	
11	固控设备		看	①筛布、②电机及护罩固定牢固	

续表

序号	检查项目（部位）	图示	检查方法	检查项点	检查结果（检查结果正常用"√"，存在问题用"×"）
12	固控设备		👁️👉	①电路及接地线符合规范	
13			👁️	①泵体清洁卫生，运转正常，护罩齐全无破损。②喷淋泵运转正常，无异响，旋转部位有护罩，盘根无刺漏。③水箱冷却水清洁充足	
14			👁️	①泵压表读数灵敏，指针泄压后能及时回位，泵压表合格证在有效期内	
15	钻井泵		👁️	①机油泵运转正常，无异常杂音，旋转部位有护罩，盘根无刺漏。②各连接管线无泄漏	
16			👁️	①油面高于下刻度线2/3，油质完好	
17			👁️👂	①电机及风机固定无松动。②电机运转平稳，无异常杂音，温度正常。③护罩齐全，无破损。④电机线路无损坏，棱角有衬垫	

续表

序号	检查项目（部位）	图示	检查方法	检查项点	检查结果（检查结果正常用"√"，存在问题用"×"）
18	钻井泵		👁 👉	①灌注泵固定牢靠，螺柱齐全。 ②运转正常，旋转部位护罩齐全，固定牢靠	
19			👁 👉	①泵顶丝无松动。 ②锁紧装置齐全完好	
20			👁 👉	①空气包螺柱齐全紧固，开关不漏气。 ②压力表灵敏可靠，工作压力≤4.5MPa，合格证在有效期内	
21			👁 👉	①安全阀销钉与缸套压力相配，护罩齐全	
22	高压闸门组及管汇		👁 👉	①闸门开关灵活好用，润滑良好。 ②活接头连接紧固，不刺不漏。 ③闸门开关状态准确，挂牌齐全	
23			👁 👉	①高低压管汇固定牢靠	

续表

序号	检查项目（部位）	图示	检查方法	检查项点	检查结果（检查结果正常用"√"，存在问题用"×"）
24	绞车变频电机及风机		看、摸、听	①电机运转平稳无异响，转轴部分温度正常。②电机固定牢靠，各部分螺钉紧固齐全。③电机接线无磨损、松动，棱角处防磨措施到位，防爆接线盒螺钉齐全紧固	
25			看、摸、听	①风机运转正常无异响。接线无磨损、松动，密封措施到位。②风机滤网干净，出风量正常	
26			看	①钢丝绳排列整齐、灵活，好用，钢丝绳断丝不超过3丝	
27	气动小绞车		看、摸	①吊钩安全完好，固定可靠	
28			看	绳卡固定牢靠，绳卡间距为绳子直径的6～8倍	
29	载人小绞车		看	①载人小绞车钢丝绳排列整齐。②气源压力≤0.8MPa	

续表

序号	检查项目（部位）	图示	检查方法	检查项点	检查结果（检查结果正常用"√"，存在问题用"×"）
30	液压猫头			①液压猫头固定牢靠，螺钉紧固。 ②管线无渗漏。 ③黄油嘴齐全完好	
31				①钳尾绳断丝不超过3丝。 ②绳卡固定牢靠，间距是绳子直径的6～8倍	
32	盘刹			①盘刹卫生清洁，各管线连接可靠，无渗漏。 ②盘刹间隙适当：工作钳不超过1mm，④安全钳不超过0.5mm，刹车片磨损单边不超过0.5mm。 ③各工作钳油缸弹簧固定牢靠	
33	绞车机油泵			①绞车机油泵运转正常。 ②管线连接可靠，无渗漏。 ③绞车机油高于下刻度2/3. 机油压力≤0.25MPa	
34	盘刹液压站			①盘刹液压站卫生清洁，油面在70mm以上，油温在40℃以下。 ②管线、接头不刺不漏	

续表

序号	检查项目（部位）	图示	检查方法	检查项点	检查结果（检查结果正常用"√"，存在问题用"×"）
35	盘刹液压站		👁	①系统压力、左右钳压力、工作压力均不超过0.8MPa，压力表工作正常	
36	综合液压站		👁👆	①综合液压站卫生清洁，各开关手柄灵敏，指示灯显示正常。②工业泵工作正常，油面高于2/3	
37	顶驱背钳及连接管线		👁	①管线、接头不刺不漏	
38			👁	①顶驱运转正常，背钳工作可靠，各保养点维护保养到位	
39			👁	①阀门工作可靠，各连接管线无渗漏，黄油嘴齐全	

续表

序号	检查项目（部位）	图示	检查方法	检查项点	检查结果（检查结果正常用"√"，存在问题用"×"）
40	司控台			①阀门工作可靠，各连接管线无渗漏，黄油嘴齐全	
41				①各仪表齐全完好，储能器压力为 18.5～21MPa，管汇及控制环形防喷器的压力为 10.5MPa，气源压力为 0.65～0.8MPa。 ②手柄灵活，位置正确，各压力表灵敏，操作台各阀件齐全。 ③司控台卫生干净，固定牢靠	
42	游车			①游车的维护及保养情况	

续表

序号	检查项目（部位）	图示	检查方法	检查项点	检查结果（检查结果正常用"√"，存在问题用"×"）
43	保险带			①保险带双挂钩完好、清洁	
44	防坠落装置			①钢丝绳上下固定牢靠，无损伤及腐蚀现象。②抓绳器上行灵活，自锁功能有效	
45	二层台逃生装置			①两地锚间距≥4m，露出地面不超过0.2m，地锚10m范围内清洁，无易燃易爆、易腐蚀物品和障碍物，落地处有缓冲保护措施。②逃生装置的连接螺栓固定牢靠	
46				①上下手动控制器灵活，与上下绳相连，悬挂器、悬挂体、缓降器、绳卡连接固定牢靠。②下手动控制器腰钩拉紧后腰钩距地面1m	
47	二层台逃生装置			①上下拉绳、导向绳无断丝、腐蚀、挤压变形，导向绳松紧合适，与井架角度30°～70°，不与二层台相磨	

续表

序号	检查项目（部位）	图示	检查方法	检查项点	检查结果（检查结果正常用"√"，存在问题用"×"）
48	BOP 滑轮与吊钩		👁	①滑轮与滑道的固定牢靠，钢丝绳、吊钩完好	
49			👁👉	①钢丝绳排列整齐。②手柄完好，控制灵敏。③油量油面高于观察孔 2/3	
50	场地气动小绞车		👁👉	①绳卡固定牢靠，间距为绳直径的 6～8 倍。②吊钩安全可靠及维护保养到位	

不符合及整改情况	

接班人（签字） 　　　日期：　　　值班干部（签字）：

表 3–10　ZJ70DB 钻机司机长 HSE 检查表

交班人（签字）：	日期：

巡回检查路线：值班房→柴油罐→卡特发电机→寿力压缩机→顶驱房→MCC 房→油罐区消防设施→机房区消防设施→值班房

序号	检查项目（部位）	图示	检查方法	检查项点	检查结果（检查结果正常用"√"，存在问题用"×"）
1	值班房		👁	①设备保养记录齐全、完整、准确、清洁，机房大班签字确认	
2			👁	①柴油储备量充足	
3	柴油罐		👁✋	①卸油泵运转正常无异响。②强化过滤器工作正常，罐区卫生清洁	
4			👁✋	①油管线无渗漏。②油罐区防污地膜完整无缺，无跑、冒、滴、漏现象	
5			👁✋	①油罐体接地线牢固可靠。②卸油泵卸油专用接地桩接地安全可靠	

续表

序号	检查项目（部位）	图示	检查方法	检查项点	检查结果（检查结果正常用"√"，存在问题用"×"）
6	柴油罐		看	①溢流堤长宽高标准为 50cm×30cm×10cm	
7	卡特发电机		看、摸	①卡特发电机固定螺栓紧固，卫生清洁，机体无悬空，无晃动	
8			看、摸	①防冻液面在观察孔 1/3 处位置，防冻液清洁。②运转设备机油油位在上线与下线中间	
9			看、摸	三滤（①空气滤清器、③机油滤清器、④柴油滤清器）干净无堵塞压。②压差表表针在绿区	
10			看、摸	①各管线接头无渗漏，供气系统各管线密封不漏气，供气不短路，机油、柴油不渗漏	
11			看、摸	①风扇传动轴轴承润滑良好，温度不超过 50℃。②皮带松紧度在允许范围内	

续表

序号	检查项目（部位）	图示	检查方法	检查项点	检查结果（检查结果正常用"√"，存在问题用"×"）
12	卡特发电机			①中冷器、②油冷器散热正常。③增压器工作正常，无异响	
13				①紧急关断开关处于开位	
14				①消音灭火装置齐全完好。②安装固定螺栓固定可靠	
15				①各个按钮和旋钮灵活好用，标识清楚。②发电机供电系统良好，各参数正常（转速正常，水温75～85℃，机油温度65～75℃），各个指示灯与报警灯正常。③仪表表面清洁，柴油油压、机油油压、冷却水温指针位置符合要求	
16				①线头接触无松动	

续表

序号	检查项目（部位）	图示	检查方法	检查项点	检查结果（检查结果正常用"√"，存在问题用"×"）
17			👁	①房内无杂物，房内地板绝缘橡胶无腐蚀、老化、损坏	
18			👁	①发电房与电控房连接线防雨盖板完好，无磨损现象	
19	卡特发电机		👁👉	①各仪表参数在正常范围内：有功功率1200W，交流电流≤2000A。②各指示灯显示正常。③转速控制按钮以及速度调节、电压调节旋钮灵敏正常	
20			👁👉	①频率表（50Hz）、同步表、电压表（600V）、接地电阻（<4Ω）等各参数在正常范围。②同步指示灯、接地故障指示灯显示正常。③接地测试按钮、并车手柄工作正常	
21	寿力压缩机		👁👉	①启动控制按钮灵敏正常。②压缩机工作参数（压力、温度、运行状态）正常。③紧急停止按钮灵敏好用	

续表

序号	检查项目（部位）	图示	检查方法	检查项点	检查结果（检查结果正常用"√"，存在问题用"×"）
22	寿力压缩机		看	①压缩空气储罐压力在正常范围（0.6~0.8MPa）	
23			看、摸	①压缩机机油在上线与下线之间，油质符合要求。②空气滤芯过滤良好。③散热片散热良好。④安全阀放气灵敏可靠，在检验日期之内	
24			看	①压缩空气安全阀放气灵敏可靠	
25			看、摸	①电源指示灯、运行状态指示灯正常。②控制按钮灵敏正常，运行参数（压力、运行时间）在正常范围内	
26			看	①干燥塔压力表正常，压力在正常范围内（0.2~0.3MPa）	
27			看、摸	①各阀门灵活好用，管线及接头处无漏气	

续表

序号	检查项目（部位）	图示	检查方法	检查项点	检查结果（检查结果正常用"√"，存在问题用"×"）
28	顶驱房		👁️ 👉	①各供电单元工作正常，各指示灯与故障报警灯正常。②各参数（工作电压、进线电压、功率、接地电阻）在正常范围内	
29			👂 👁️ 👉	①空调控制面板工作正常，出风量正常，空调运转无异响，温度保持在20～23℃	
30			👁️	①房内清洁，无灰尘，房内地板绝缘橡胶无腐蚀、老化、损坏，房内保持干燥	
31	MCC房		👁️	房内地板绝缘橡胶无腐蚀、老化、损坏	
32			👁️	①空调运行状态正常，温度保持在23～25℃。②空调滤网清洁卫生，无灰尘堵塞现象	
33			👁️ 👉	触摸显示屏各参数与实际工况相符，触摸屏灵敏好用，屏面清洁	
34			👁️ 👉	①抽箱开关转动灵活，供电正常。②指示灯正常	

- 145 -

续表

序号	检查项目（部位）	图示	检查方法	检查项点	检查结果（检查结果正常用"√"，存在问题用"×"）
35	MCC 房		👁	①灭火器喷管无龟裂，喷头无缺失。 ②二氧化碳灭火器型号符合标准，称重在原始质量的 95% 之内	
36	油罐区消防设施		👁✋	①消防锹 4 把，消防桶 4 个。 ②油罐区 MFZ/ABC8 型灭火器 4 具。 ③消防砂 4 m³	
37	机房区消防设施		👁✋	①机房区 MT5 型灭火器外观无锈蚀，无变形。 ②喷管完好无老化，铅封有效，无损坏，压力表指针指示在绿色区间，称重在初始重量的 95% 内	

不符合及整改情况	

接班人（签字）：　　　　日期：　　　　值班干部（签字）：

表3—11 ZJ70DB钻机钻井液工HSE检查表

交班人（签字）：					日期：	

巡回检查路线：值班房→井深与地层岩性→井深与气测值→钻井液测量仪器→钻井液班报表→钻台司控房→循环罐→化工材料→地面沉砂池→井控资料→液面报警器→生产水罐→值班房

序号	检查项目（部位）	图示	检查方法	检查项点	检查结果（检查结果正常用"√"，存在问题用"×"）
1	井深与地层岩性		看	①了解井深、地层岩性，观察所捞岩屑与设计提示是否相符	
2	井深与气测值		看	①了解油层井深位置。②了解气测值，预防井下井控复杂的发生	
3			看	①马氏漏斗校正准确及有效测量使用，卫生清洁。②密度计校正准确及有效测量使用，卫生清洁	
4	钻井液测量仪器		看	①六速旋转黏度计、高中压失水仪、黏滞系数测定仪、总固相含量测量仪、含砂量测量仪、台式电炉等校正准确及有效测量使用，卫生清洁	
5			看	①称重台、高速搅拌器等校正准确及有效测量使用，卫生清洁	
6	钻井液班报表		看	①钻井液班报表记录填写齐全、真实	
7	钻台司控房		看	①了解接单根上提钻具摩阻，以及接单根卸扣时有无钻井液倒返情况。②了解顶驱扭矩、钻进排量、泵压等技术参数，针对以上参数及时调整钻井液性能	

续表

序号	检查项目（部位）	图示	检查方法	检查项点	检查结果（检查结果正常用"√"，存在问题用"×"）
8	循环罐		看	①振动筛卫生清洁。②振动筛各紧固螺钉固定牢靠。③振动筛启动开关按钮、电路正常，标识清楚。④振动筛电机运转平稳，启动无异常杂音	
9			看、摸	①观察振动筛岩屑返出成型情况与干湿度，是否与所钻地层匹配	
10			看	①钻井液槽畅通，砂子干净，钻井液不漏，不外溢。②导流插板齐全，净化路线合理，最大化增强体系固相净化	
11			看	①循环罐面梯子坡度不超过60°。②扶手栏杆齐全	
12			看	①压力表工作压力 0.25～0.35MPa。②连接管线牢固，螺栓齐全，管线连接处不刺不漏	
13			看	①离心机净化上下旋流比重差值＞1.5g/cm³	
14			看	①循环罐内钻井液量充足。②钻井液性能与所钻地层匹配	
15			看	①循环罐罐与罐之间连接良好，不漏钻井液	

续表

序号	检查项目（部位）	图示	检查方法	检查项点	检查结果（检查结果正常用"√"，存在问题用"×"）
16	循环罐		👁️👆	①循环罐上各闸门完好，开关灵活	
17			👁️👂👆	①循环罐上搅拌器运转平稳，无异常声音。②卫生清洁，固定牢靠。③润滑机油液面在观察孔高度	
18			👁️👆	①排污泵高度合适，吸入钻井液无有害固相。②管线完好无刺漏	
19			👁️👆	①配浆漏斗闸门灵活。②喷嘴畅通不堵塞。③卫生清洁，安全通道畅通	
20			👁️👆	①闸门灵活，喷嘴畅通不堵塞，保险绳固定牢靠。②安全通道畅通。③管线齐全无刺漏	

续表

序号	检查项目（部位）	图示	检查方法	检查项点	检查结果（检查结果正常用"√"，存在问题用"×"）
21	化工材料			①各种药品储备齐全，摆放整齐，卫生清洁，高度不超过2m。②有标识牌，出入库登记准确	
22				①药品分类摆放，危险化学品有性能属性描述与应急救治措施介绍	
23				①加重材料下垫上盖，摆放整齐，做好防雨措施	
24				①数量与质量符合区块井控技术要求	
25	地面沉砂池			①沉砂池四周围栏齐全。②沉砂池土工膜无破损，铺设完整。③沉砂池钻井液液面与地面高度超过0.5m。④"当心坠入"与"当心溺水"警示牌醒目	
26	井控资料			①钻井液性能按要求测量，记录真实。②钻进工况钻井液量变化、起钻灌入、下钻返出量记录填写齐全、真实	

续表

序号	检查项目（部位）	图示	检查方法	检查项点	检查结果（检查结果正常用"√"，存在问题用"×"）
27	液面报警器		👁	①液面报警器上下限位阀体积差值≤1.0m³。 ②确保气路畅通	
28			👁	①生产水罐各连接管线无刺漏。 ②排水沟畅通无积水	
29	生产水罐		👁👂	①生产水泵运转平稳，无异常声音。 ②密封完好，无滴漏现象	
30			👁	①生产水储备量≥60m³	
不符合及整改情况					

接班人（签字）：　　　　日期：　　　　值班干部（签字）：

表 3—12　ZJ70DB 钻机电气工程师 HSE 检查表

交班人（签字）：	日期：

巡回检查路线：值班房→发电房→VFD 房→顶驱房→寿力压缩机→绞车电机→自动送钻→司控房→值班房

序号	检查项目（部位）	图示	检查方法	检查项点	检查结果（检查结果正常用"√"，存在问题用"×"）
1	值班房		目视	①设备保养记录齐全、完整、准确、清洁，机房大班签字确认	
2			目视	①各个按钮和旋钮灵活好用，标示清楚。②发电机供电系统良好，各参数正常（转速正常，水温 75～85℃，机油温度 65～75℃），各个指示灯与报警灯正常。③仪表表面清洁，柴油油压、机油油压、冷却水温指针位置符合要求	
3	发电房		目视	①线头接触无松动	
4			目视	①房内地板绝缘橡胶无腐蚀、老化、损坏	
5			目视	①发电房与电控房连接线防雨盖板完好，无磨损现象	

续表

序号	检查项目（部位）	图示	检查方法	检查项点	检查结果（检查结果正常用"√"，存在问题用"×"）
6				①变频器参数正常，各指示灯正常，运行状态处于"ON"，无过载现象。②电气设施供电正常，温度正常	
7	发电房			①运行状态与储能器状态正常，指示灯正常，开关按钮灵敏好用	
8				①各仪表参数（有功功率、交流电压、无功功率）在正常范围内，各指示灯显示正常，车速控制按钮以及速度调节、电压调节旋钮灵敏正常	

续表

序号	检查项目（部位）	图示	检查方法	检查项点	检查结果（检查结果正常用"√"，存在问题用"×"）
9	发电房		目视	①频率表（50Hz）、同步表、电压表（600V）、接地电阻（＜4Ω）等各参数在正常范围，同步指示灯、接地故障指示灯显示正常	
10	发电房		目视	①制动电阻风机散热片性能良好，运转无异响，温度正常	
11			目视	①空调控制面板工作正常，出风量正常，空调运转无异响，温度保持在20～23℃	
12			目视	①灭火器喷管无龟裂，喷头无缺失。 ②二氧化碳灭火器型号符合标准，称重在初始重量的95%之内	
13	VFD房		目视	①三相电负荷无过载现象，指示灯正常	

续表

序号	检查项目（部位）	图示	检查方法	检查项点	检查结果（检查结果正常用"√"，存在问题用"×"）
14	VFD 房		目视	②运行状态处于"ON"，储能状态正常	
15			目视	① S7-300PLC 模块供电正常，指示灯正常。②接线插排紧固牢靠，线头接触紧固无松动	
16			目视	①房内地板绝缘橡胶无腐蚀、老化、损坏	
17			耳听、目视、手触	①空调运行状态正常，温度保持在 23～25℃。②空调滤网清洁卫生，无灰尘堵塞现象	
18			目视、手触	①触摸显示屏各参数与实际工况相符，触摸屏灵敏好用，屏面清洁	
19			目视、手触	①抽箱开关转动灵活，供电正常。②指示灯正常。③开关工作正常	
20			目视、手触	①灭火器喷管无龟裂，喷头无缺失。②二氧化碳灭火器型号符合标准，称重在初始重量的 95% 之内	

续表

序号	检查项目（部位）	图示	检查方法	检查项点	检查结果（检查结果正常用"√"，存在问题用"×"）
21	顶驱房		看	①各供电单元工作正常，各指示灯与故障报警灯正常。②各参数（工作电压、进线电压、功率、接地电阻）在正常范围内	
22			听、看	①空调控制面板工作正常，出风量正常，空调运转无异响，温度保持在 20～23℃	
23			看	①房内清洁，无灰尘，房内地板绝缘橡胶无腐蚀、老化、损坏，房内保持干燥	
24			看	①发电房与电控房连接线防雨盖板完好，无磨损现象	
25	寿力压缩机		听、看	①紧急停止按钮灵敏好用，启动控制按钮灵敏正常。②压缩机工作参数（压力、温度、运行状态）正常。③启动控制按钮灵敏正常	
			看	①压缩空气储罐压力在正常范围（0.6～0.8MPa）	
			看	①电源指示灯、运行状态指示灯正常。②控制按钮灵敏正常，运行参数（压力、运行时间）在正常范围内	

续表

序号	检查项目（部位）	图示	检查方法	检查项点	检查结果（检查结果正常用"√"，存在问题用"×"）
25	寿力压缩机		👁	①干燥塔压力表正常，压力在正常范围内(0.6~0.8MPa)	
26	绞车电机		👁👆👂🌡	①电机运转平稳无异响，转轴部分温度正常。②主电机固定牢靠，各部分螺钉紧固齐全。③电机接线无磨损、松动，棱角处防磨措施到位，防爆接线盒螺钉齐全、紧固	
			👂👁👆	①风机运转正常，无异响。接线无磨损、松动，密封措施到位。②风机滤网干净，出风量正常	
			👁	①变速箱挂挡触点完好，挡杆与触点接触良好	
27	自动送钻		👁	①自动送钻编码器固定牢靠，连接插头无进水现象，密封完好，插头无退口现象	
28	司控房		👁👆	①八参仪、工业视频屏幕清洁，各参数正常，与实际工况相符。②司控房各仪表正常，压力值在正常范围内	

续表

序号	检查项目（部位）	图示	检查方法	检查项点	检查结果（检查结果正常用"√"，存在问题用"×"）
29	司控房		看	①绞车控制、转盘、钻井泵各开关灵敏。 ②速度调节手柄工作正常	
30			看	①各阀岛控制处于自动挡，电信号供电正常，气阀放气完好，控制阀件正常	
31			看	①各工作指示灯工作正常，各仪表参数显示正常，顶驱控制开关灵敏	
32			看	①工业监控屏面清洁，显示清晰。 ②探头角度合适（1号二层台；2号振动筛；3号钻井泵；4号滚筒），信号无中断	

不符合及整改情况

接班人（签字）：　　　　日期：　　　　值班干部（签字）：

表 3—13　ZJ70DB 钻机钻井工程师 HSE 检查表

| 交班人（签字）： | | | | | 日期： | |

巡回检查路线：值班房→场地→接头房→坐岗房→封井器→节流压井管汇→液气分离器→远程控制台→节流液控箱→井口工具→指重表→司控台→司控房→值班房

序号	检查项目（部位）	图示	检查方法	检查项点	检查结果（检查结果正常用"√"，存在问题用"×"）
1	场地		👁	①场地钻具排放整齐，螺纹干净	
2			👁✋	①防喷单根摆放于猫道两侧，下端接转换接头，上端接顶开装置。②回压阀保养清洁。③接箍处吊带完好，无破损	
3	接头房		👁✋	①接头房接头标识清楚。②螺纹清洁	
4			👁	①接头房工具分类摆放整齐	
5	坐岗房		👁	①测量并记录循环罐钻井液性能（密度：g/cm^3 黏度：s；pH 值：），总液量（　），坐岗 15min 一测量并记录	
6			👁	①循环罐面气体检测，H_2S 浓度在 $15mg/m^3$（10ppm）以下、CO 浓度在 $31.25mg/m^3$（25ppm）以下	

续表

序号	检查项目（部位）	图示	检查方法	检查项点	检查结果（检查结果正常用"√"，存在问题用"×"）
7	封井器			① 2号、3号阀门处于开启位置。 ②、④手动锁紧杆万向节连接牢靠，顶丝、销子齐全。 ③标牌齐全	
8				①螺栓牢固。 ②油管线连接牢靠，无漏油。标识牌齐全，手动锁紧杆固定牢靠，记数绳标明清楚、旋转圈数字迹明晰，双公短节接箍露出	
9				①油管线连接牢靠，无漏油	
10				①记数绳标明清楚。 ②旋转圈数字迹明晰	
11	节流压井管汇			① J2a、J2b、J3a、J5、J6a、J7、J8、Y2处于开启位置。 ② J3b、J6b、J9、J10、Y1、Y3以及低量程压力表下，方截止阀处于关闭位置。 ③ J1、J4处于半开状态。 ④套压表压力为零	

续表

序号	检查项目（部位）	图示	检查方法	检查项点	检查结果（检查结果正常用"√"，存在问题用"×"）
12	液气分离器		看、手	各部法兰、活接头固定牢靠，无渗漏	
13			看、手	①出口管线固定牢靠，各部管线地锚牢固	
14	远程控制台		看、手	①储能器压力为18.5～21MPa。②管汇控制环形防喷器的压力为10.5MPa。③控制环形防喷器的压力为10.5MPa。④气源压力为0.65～0.8MPa。⑤环形、半封、全封操作手柄处于开位。⑥4号液动平板阀处于关位。⑦气管线及气管束连接牢靠，密封良好。液压油位高于下限位置。电泵及气动泵运转正常，无异响	
15			看	①液控管线下铺土工膜。②接头处无渗漏，管线上无油污	

续表

序号	检查项目（部位）	图示	检查方法	检查项点	检查结果（检查结果正常用"√"，存在问题用"×"）
16				①气源压力为 0.65～1.30MPa。 ②油压 2～3MPa。 ③阀位开度 3/8～1/2	
17	节流液控箱			①油箱液面位于 30～50mm	
18	井口工具			①螺纹油盖板齐全，无杂质，无积水。丝扣油刷无破损	
19	指重表			①各管线连接牢固，无渗漏。 ②表面清洁、传感器工作灵敏、准确，调节螺母灵活好用	

续表

序号	检查项目（部位）	图示	检查方法	检查项点	检查结果（检查结果正常用"√"，存在问题用"×"）
20	指重表			①记录纸上时间与实际时间相符	
21				①死绳传感器连接牢固，油量充足，间隙8～12mm。②管线接头不渗、不漏	
22	司控台			①储能器压力为18.5～21MPa。②管汇控制环形防喷器的压力为10.5MPa。③控制环形防喷器的压力为10.5MPa。④气源压力为0.65～0.8MPa。⑤环形、半封、全封操作手柄处于开位。⑥4号液动平板阀处于关位；气管线及气管束连接牢靠，密封良好	
23	司控房			①钻井八参仪参数准确。②指重表读数准确，灵敏可靠，立压表读数准确，灵敏可靠	
不符合及整改情况					

接班人（签字）：　　　　日期：　　　　值班干部（签字）：

表 3-14　ZJ70DB 钻机值班干部 HSE 检查表

交班人（签字）：　　　　　　　　　　　　　　　日期：

巡回检查路线：值班房→远控台→封井器→节流管汇→地质值班房→固控循环系统→动力电控系统→柴油罐→化工材料→钻台上下→其他→值班房

序号	检查项目（部位）	图示	检查方法	检查项点	检查结果（检查结果正常用"√"，存在问题用"×"）
1	值班房			①手摇报警装置运转正常无异响，防尘措施到位	
2	远控台			①储能器压力为 18.5~21MPa。②管汇控制环形防喷器的压力为 10.5MPa。③控制环形防喷器的压力为 10.5MPa。④气源压力为 0.65~0.8MPa。⑤环形、半封、全封操作手柄处于开位。⑥液动平板阀处于关位。⑦气管线及气管束连接牢靠，密封良好	
3	封井器			①2号、3号阀门处于开启位置。②手动锁紧杆连接螺钉齐全。③封井器活塞杆处于伸出位置	
4				①手动锁紧杆连接螺纹齐全。②封井器活塞杆处于伸出位置	
5	节流管汇			①J2a、J2b、J3a、J5、J6a、J7、J8、Y2 处于开启位置。②J3b、J6b、J9、J10、Y1、Y3 以及低量程压力表下方截止阀处于关闭位置。③J1、J4 处于半开状态。④套压表压力为零	

续表

序号	检查项目（部位）	图示	检查方法	检查项点	检查结果（检查结果正常用"√"，存在问题用"×"）
6	地质值班房		目视	①气测值正常。②是否含 H_2S。	
7			目视、手感	①闸门开关灵活好用，润滑良好。②活接头连接紧固，不刺不漏。③闸门开关状态准确，挂牌齐全	
8			目视	①检查各坐岗人员行为与资料	
9	固控循环系统		目视	①振动筛、②除气器、③一体机、④离心机、⑤加重漏斗等固控设备运转正常，无异响	
10			目视	①安全销子安装位置与缸套匹配；工具箱工具、配件齐全	
11			目视、手感	①高、低压管汇固定牢靠，保险绳齐全牢靠	
12	动力电控系统		目视	①VFD 房各控制柜工作正常	
13			目视	①各发电机工作正常	

续表

序号	检查项目（部位）	图示	检查方法	检查项点	检查结果（检查结果正常用"√"，存在问题用"×"）
14	动力电控系统			①应急发电机处于待命工况	
15	柴油罐			①柴油储备量充足	
16	化工材料			①加重材料储备充足	
17				①堵漏材料储备充足	
18	钻台上下			司控台、液控箱卫生干净，固定牢靠	

续表

序号	检查项目（部位）	图示	检查方法	检查项点	检查结果（检查结果正常用"√"，存在问题用"×"）
19				①节流液控箱油面高30～50mm，无漏油。②手动泵打压正常，防提装置正常	
20				防提装置正常	
21	钻台上下			刹车系统、防碰天车、盘刹及综合液压泵站正常工作；死绳固定好	
22				①对钻台位置、钻台下井口装置、循环罐出口等处进行检查。②正压呼吸器的检查	

续表

序号	检查项目（部位）	图示	检查方法	检查项点	检查结果（检查结果正常用"√"，存在问题用"×"）
23	其他		👁	防洪防汛、冬防保温、安全警示牌	
			👁	防护隔离带、钻井液药品上盖下铺	
	不符合及整改情况				

接班人（签字）：　　　　　日期：　　　　　值班干部（签字）：

表 3-15　ZJ70 LDB 钻机场地工 HSE 检查表

交班人（签字）：				日期：	

巡回检查路线：值班房→管具区→接头房→钻台→防护与检测设备→循环罐、固控、坐岗房→井控装备→值班房

序号	检查项目（部位）	图示	检查方法	检查项点	检查结果（检查结果正常用"√"，存在问题用"×"）
1	值班房		👁	①岗位交接班资料齐全，填写完整	

- 168 -

续表

序号	检查项目（部位）	图示	检查方法	检查项点	检查结果（检查结果正常用"√"，存在问题用"×"）
2	值班房		看	①值班房内配备的安全目视化标识齐全、规范	
3			看	①值班房内配备的应急药品齐全，清单与实物相符，无过期药品	
4			看	①配备的专用电视机完好，卫生清洁，不用时电源处于关闭状态	
5			看、摸	①正压式呼吸器数量齐全、完好，卫生清洁，固定牢靠，压力为 24～30MPa	
6			看	①桌椅摆放整齐，地面卫生清洁	
7	管具区		看	①隔离警示到位，目视化管理牌按要求栽放在指定地点	
8			看	①管具排列不超过3层，管排架两端有专用挡销或挡杆。②管排架与钻台梯子距离≥3m	

续表

序号	检查项目（部位）	图示	检查方法	检查项点	检查结果（检查结果正常用"√"，存在问题用"×"）
9	管具区			①钻具螺纹清洁，排列整齐。②提丝完好无泥污，与管具匹配，入井钻具编号与场地相符	
10				①猫道畅通，清洁无阻，未存放井口工具、接头、钻头和没有固定的管具等	
11				①管具区域整洁、平整，地面清洁无杂物	
12	接头房			①接头房照明正常	
13				①接头、工具排放整齐，标识齐全，通道畅通无阻	

续表

序号	检查项目（部位）	图示	检查方法	检查项点	检查结果（检查结果正常用"√"，存在问题用"×"）
14	钻台		看、摸	① H_2S、CO 等有毒有害气体监测探头（传感器）完好，固定牢靠，卫生清洁，无油污堵塞。 ② 钻台面无异常气味	
15			看	① 钻具丝扣油清洁、加盖，数量充足。	
16	防护与检测设备		看、摸	① 钻台、井口、振动筛、循环罐等处 H_2S、CO 有毒有害气体监测探头（传感器）完好，且干净无油泥及沙尘堵塞。 ② 坐岗房内控制主机工作正常，井口无异常气味	
17			看	① 便携式气体检测仪按要求配备在钻台、机房、循环罐区域，工作正常并交接	
18	循环罐、固控、坐岗房		看、摸	① 电机固定牢固、润滑，护罩完好，电路及接地线符合标准	

续表

序号	检查项目（部位）	图示	检查方法	检查项点	检查结果（检查结果正常用"√"，存在问题用"×"）
18			👁️👉	②振动器润滑油无变质、量足，固定牢靠。③振动筛框体及筛布完好无损，卫生干净、清洁	
19			👁️👉	①H_2S、CO等有毒有害气体监测探头（传感器）完好，固定牢靠，卫生清洁，无油污堵塞，无异常气味	
20	循环罐、固控、坐岗房		👁️👉	①循环罐区安全通道畅通。②循环罐铺台、栏杆齐全，罐面卫生清洁	
21			👁️👉	①除砂器、除泥器、离心机、剪切泵固定牢靠，润滑良好，卫生清洁	

续表

序号	检查项目（部位）	图示	检查方法	检查项点	检查结果（检查结果正常用"√"，存在问题用"×"）
22				① H_2S、CO 等有毒有害气体监测探头（传感器）完好，固定牢靠，卫生清洁，无油污堵塞。 ② 正压呼吸器防护设施完好	
23	循环罐、固控、坐岗房			① 循环罐各管线连接牢靠，无渗漏。 ② 各闸阀完好无损坏，开关正确，各闸阀的开关及循环罐钻井液流程与液面高度指示仪的记录相符合。 ③ 照明灯具完好	
24				① 循环罐及固控设备的所有马达、启动开关完好，固定牢靠，润滑好	

续表

序号	检查项目（部位）	图示	检查方法	检查项点	检查结果（检查结果正常用"√"，存在问题用"×"）
25	循环罐、固控、坐岗房		👁️👉	①加重配浆漏斗及马达完好，运转正常。②各种加重材料储备品种及数量满足要求	
26			👁️👉	①坐岗房固定牢靠，内外房壁清洁，照明灯具完好	
27			👁️👉	①坐岗记录和有毒有害气体检测记录，有无油气浸及有毒有害气体浸入现象	
28			👁️👉	①钻井液池液量充足，土工膜完好、无破损。②防溢堤符合要求，钻井液及其他化学药品无外漏污染现象，无 H_2S、CO 等气体，油气异常。③钻井液槽防渗措施到位不溢钻井液，槽内无积砂	

续表

序号	检查项目（部位）	图示	检查方法	检查项点	检查结果（检查结果正常用"√"，存在问题用"×"）
29	循环罐、固控、坐岗房		目视	①井场垃圾分类定点存放	
30			目视	①正压呼吸器及充气泵等防护设施完好，气瓶内气量符合要求，卫生清洁、摆放整齐	
31			目视	①工具卫生清洁、数量充足	
32	井控装备		目视	①压井管汇安装规范，目视化标识符合要求。②对单流阀进行防护	

不符合及整改情况

接班人（签字）：　　　　　　日期：　　　　　　副司钻（签字）：

- 175 -

表 3—16　ZJ70 LDB 钻机外钳工 HSE 检查表

交班人（签字）：　　　　　　　　　　　　　　　　　　　日期：

巡回检查路线：值班房→钻台面→吊钳→液压猫头→液气大钳→其他井口工具→钻台偏房→液压泵站→井控装置→值班房

序号	检查项目（部位）	图示	检查方式	检查项点	检查结果（检查结果正常用"√"，存在问题用"×"）
1	值班房			①岗位交接班资料齐全，记录完整。本岗位交接班资料记录完善	
2				①大门坡道固定可靠，销子、别针齐全。②安全绳（链）固定符合规范	
3	钻台面			①钻台在用的手工具数量齐全，清单与实物相符，卫生清洁，挂放在指定的位置	
4				①钻台区域卫生清洁，安全通道畅通，垃圾、废料入桶	
5	吊钳			①B 型大钳吊绳采用 ϕ13mm 的钢丝绳，两端用与绳径相符的 3 个卡子卡牢	

续表

序号	检查项目（部位）	图示	检查方式	检查项点	检查结果（检查结果正常用"√"，存在问题用"×"）
6	吊钳		看、摸	②钳尾绳应为 φ22mm 的单头插编钢丝绳套，一端固定于 B 型吊钳钳尾销处，一端用 3 个与绳径相符的卡子固定于尾绳桩处	
7	吊钳		看	③B 型大钳上下调节无阻卡，钳体平衡，开口销齐全	
8	吊钳		看	④B 型大钳本体使用红、黄、黑和绿安全色进行标识	
9	液压猫头		看	①液压猫头固定牢靠，液压缸伸缩自如，无变形。②液压管线连接无刺漏、无破损	
10	液压猫头		摸	①猫头绳死、活绳端固定牢靠。②猫头绳无打扭、变形及断丝。③回位弹簧完好。④导向轮转动自如无阻卡	
11	液压大钳		看、摸	①各紧固螺栓可靠无松动，钳头无变形，门框完好。②扭矩表、压力表指示正常	

续表

序号	检查项目（部位）	图示	检查方式	检查项点	检查结果（检查结果正常用"√"，存在问题用"×"）
12	液压大钳		目视	①刹带完好无变形，磨损程度符合标准。②大钳及牙板固定牢靠，卫生清洁。③钳头咬紧可靠	
13			目视	①各管线无刺漏，不磨损。②气缸伸缩自如，各阀灵活好用，无泄漏	
14			目视	①安全卡瓦清洁，连接牢靠，开口销齐全，手柄完好	
15	其他井口工具		目视	①卡瓦清洁，连接牢靠，开口销齐全，手柄完好	
16			目视	①气动卡瓦卫生清洁，润滑良好，保养到位，卡瓦牙清洁，无油无泥浆	
17	钻台偏房		目视	①钻台偏房固定牢靠	

续表

序号	检查项目（部位）	图示	检查方式	检查项点	检查结果（检查结果正常用"√"，存在问题用"×"）
17			👁	②内外房体卫生清洁、干净	
18	钻台偏房		👁	①偏房内各种工具摆放整齐，清单与实物相符，无杂物	
19			👉	①偏房内灭火器完好	
20			👉	①配电柜各指示灯、照明灯、开关按钮正常	
21	液压泵站		👁👉	①液压油液量充足。②储能器的氮气压力正常	

续表

序号	检查项目（部位）	图示	检查方式	检查项点	检查结果（检查结果正常用"√"，存在问题用"×"）
21	液压泵站			③油泵运转正常，各启动按钮及指示灯工作正常。 ④滤清器无堵塞并定期清洗干净。 ⑤各管线、接头无泄漏	
22	井控装置			①节流管汇卫生干净，节流管汇各闸门开关灵活，开关状态符合要求，各闸阀挂牌齐全、正确。 ②（高、低压量程）压力表灵敏可靠，液动平板阀、液动节流阀开关状态符合要求。 ③钻井液回收管线固定牢靠，连接部位紧固密封牢靠	
23				①防喷管汇各闸阀挂牌正确，开关状态符合要求，且开关灵活，各连接法兰固定牢靠，密封良好。 ②双公短节密封可靠，无破损、无刺漏	

续表

序号	检查项目（部位）	图示	检查方式	检查项点	检查结果（检查结果正常用"√"，存在问题用"×"）
24	井控装置		👁	①放喷管线螺纹连接紧固，密封可靠，无担空，水泥基敦符合标准（800mm×800mm×800mm），无破损。②地脚螺栓无松动，卡子无变形，背帽齐全	
不符合及整改情况					

接班人（签字）：　　　　　日期：　　　　　副司钻（签字）：

表 3-17　ZJ70 LDB 钻机内钳工 HSE 检查表

交班人（签字）：				日期：	
巡回检查路线：值班房→钻台栏杆及梯子→转盘→司控房→气动小绞车→黄油枪→钻台常用油料→内防喷工具→防爆排风机→绞车→电磁刹车→值班房					

序号	检查项目（部位）	图示	检查方法	检查项点	检查结果（检查结果正常用"√"，存在问题用"×"）
1	值班房		👁	①本岗位的 HSE 交接班记录齐全，填写完整	
2	钻台栏杆及梯子		👁	①梯子固定牢靠，无变形，扶手齐全完好	

续表

序号	检查项目（部位）	图示	检查方法	检查项点	检查结果（检查结果正常用"√"，存在问题用"×"）
3	钻台栏杆及梯子		👁	①钻台栏杆齐全，固定牢靠，无变形，别针齐全	
4			👁	①钻台区域目视化标识齐全，设立位置规范	
5	转盘		👁	①转盘输入轴及传动箱正常。②输入轴上的弹簧密封圈完好。③油位、油质、油温正常。④转盘运转声音及振动无异常。⑤转盘电机、风机固定牢靠，运转无异常声音，各控制线路无破损、无脱落。⑥转盘锁紧装置灵活可靠，并处于钻井作业所需的位置	
6			👁	①检查方瓦与转台，补心锁紧销子和制动块的转动灵活可靠	
7	司控房		👁	①司控房房体、视窗清洁，视窗玻璃及防护网完好	

续表

序号	检查项目（部位）	图示	检查方法	检查项点	检查结果（检查结果正常用"√"，存在问题用"×"）
8	司控房		目视	①司控房内卫生清洁，无杂物。②地面绝缘橡胶铺设到位。③灭火器设立位置正确，压力符合规定	
9	气动小绞车		目视、手动	①气动绞车安装方向应利于排绳，固定螺栓（销子）无缺失、无松动。②在利于观察位置悬挂"气动小绞车十不吊"挂牌。③护罩无破损、无缺失，护罩上粘贴"起吊前必须鸣笛""当心缠乱"等标识，排绳器无缺陷，灵活。④刹带钢圈无变形、裂纹，刹车毂无油污，手刹操作方便灵活，脚刹刹死时应与钻台面保持距离。⑤分配阀手柄操作无阻卡，复位弹簧无断裂。⑥滚筒死绳头内使用内六方顶丝紧固，起重钢丝绳（$\phi 16mm$）无断丝、锈蚀和挤压变形，排列整齐	

续表

序号	检查项目（部位）	图示	检查方法	检查项点	检查结果（检查结果正常用"√"，存在问题用"×"）
9	气动小绞车		👁👉	⑦旋转吊钩转动灵活、自锁可靠，用3个相符的U形卡子与钢丝绳连接牢靠，吊钩拉到最远起吊时滚筒上缠绕绳不少于6圈。 ⑧油雾器内油量适量。 ⑨气动小绞车天车滑轮与井架固定牢靠，应设置保险绳（链）	
10	黄油枪		👁	①黄油枪卫生清洁，工作状态良好，放置在指定的位置	
11	钻台常用油料		👁	①黄油清洁，加盖严实，无泥沙。 ②钻台备用机油盛装桶清洁干净，储备足够的润滑保养用机油	
12	内防喷工具		👁👉	①防喷盒	

续表

序号	检查项目（部位）	图示	检查方法	检查项点	检查结果（检查结果正常用"√"，存在问题用"×"）
12	内防喷工具		👁️✋	②上下旋塞 ③回压阀及开关工具齐全、完好	
13	防爆排风扇		👁️	①钻台、井口的防爆排风机工作正常，线路规范，按标准接地	
14	绞车		👁️✋	①绞车同底座连接螺栓齐全，不松动	
15			👁️	①绞车润滑油油池液面在规定的刻度范围内	

续表

序号	检查项目（部位）	图示	检查方法	检查项点	检查结果（检查结果正常用"√"，存在问题用"×"）
16	绞车		👁	①压力表完好、齐全，压力为 0.1～0.4MPa，齿轮泵及电机工作正常	
17			👁	①各链条润滑良好，润滑管线不漏油，各喷嘴无堵塞，喷嘴方向正确	
18			👁	①各轴承及链条润滑好，链片及销子完好	
19			👁👆	①每个轴端轴头温度正常，轴端、轴承盖及箱盖等处不漏油	
20			👂	①各传动轴无异常，护罩完整，无裂缝及裸露孔洞，固定牢固	
21			👁	①各气胎离合器及摩擦毂螺栓齐全、紧固，摩擦片无松动，大小销子齐全。②气胎离合器最低气压 0.7MPa	
22			👁	①各气阀、气管线、接头不漏气，连接无松动，工作正常	

续表

序号	检查项目（部位）	图示	检查方法	检查项点	检查结果（检查结果正常用"√"，存在问题用"×"）
23	绞车		看	①排绳器工作状态正常，螺钉无松动	
24			看	①电磁涡流刹车、自动送钻电机正常	
25	电磁刹车		看	①电磁刹车固定可靠。②电磁刹车拨叉灵敏，使用时限位固定可靠，不用时牙嵌充分分离	
不符合及整改情况					

接班人（签字）： 　　日期： 　　副司钻（签字）：

表 3—18 ZJ70 LDB 钻机井架工 HSE 检查表

交班人（签字）：　　　　　　　　　　　　　　日期：

巡回检查路线：值班房→消防室→紧急逃生装置→生产水罐→底座→防喷器→转盘→井架→游动系统→值班房

序号	检查项目（部位）	图示	检查方法	检查项点	检查结果（检查结果正常用"√"，存在问题用"×"）
1	值班房		看	①工程班报表准确、整洁，入井钻具数量、规格与记录一致。 ②值班房卫生清洁	
2	消防房		看	①消防器材数量齐全，摆放整齐，卫生清洁	
3	紧急逃生装置		看	①逃生装置钢丝绳不打结、无断丝、无锈蚀，固定牢靠	
4	生产水罐		看	①防溢堤完好，生产水储量充足，罐体平稳，无倾斜，罐底基础牢固	
5			摸	②罐内水泵运转正常，电机按标记接地	

续表

序号	检查项目（部位）	图示	检查方法	检查项点	检查结果（检查结果正常用"√"，存在问题用"×"）
6	生产水罐		看	③罐口闸门密封良好，开关灵活	
7	生产水罐		看	④水泵房照明正常，无杂物、无积水	
8	生产水罐		看	⑤生产水罐区域目视化标识齐全，设立位置规范	
9	底座		看	①井口校正，固定牢靠，无刺漏，井架基础周围无积水、无塌陷	
10	底座		摸	①连接销及别针齐全，无松动。②底座各部件完整无损，卫生清洁	
11	底座		看	①滚筒及泵房区监测探头及传输线路完好	

续表

序号	检查项目（部位）	图示	检查方法	检查项点	检查结果（检查结果正常用"√"，存在问题用"×"）
12	防喷器			①防喷器固定牢靠，卫生清洁。 ②手动锁紧杆安装规范，转动灵活。 ③挡泥伞安装规范	
13	转盘			①转盘各部螺钉齐全，紧固不晃动，油量充足（达到油尺指标），油质好，不进钻井液。 ②驱动箱固定牢靠，油量充足	
14	井架			①井架栏杆、笼梯齐全完好，立管平台、套管扶正台完好，固定牢靠。 ②井架固定U形卡子螺钉齐全、紧固，液压缓冲缸完好	
15				①防坠落装置、逃生装置、井架云梯攀升器固定可靠，性能良好，各辅助设施固定牢靠	

续表

序号	检查项目（部位）	图示	检查方法	检查项点	检查结果（检查结果正常用"√"，存在问题用"×"）
16	井架		看	①各悬挂滑轮固定牢靠，绳系无缠绕，无打结、无跳槽	
17			看	①立管U形卡固定牢靠。②水龙带与立管鹅颈管连接无刺漏，水龙带保险绳连接符合要求	
18			看	①二层台保险带（两付）完好，使用时与井架本体连接牢靠。②钻杆钩子及其他工具系有保险绳，并固定牢靠。③操作台牢固无变形，钻具兜绳及固定锁链齐全完好。④气动小绞车固定牢靠，钢丝绳无变形、无断丝。⑤指梁无变形，指梁保险销、保险绳牢靠，排杆架无变形，钻杆排列整齐	

续表

序号	检查项目（部位）	图示	检查方法	检查项点	检查结果（检查结果正常用"√"，存在问题用"×"）
19	井架		👁	①天车润滑良好，固定牢靠，滑轮转动灵活。②护罩无变形，天车悬臂等附件齐全，固定牢靠	
20			👁 👉	①井架照明灯具及线路固定牢靠、无破损。②二层台监测探头及传输线路完好	
21	游动系统		👁	①游车护罩固定良好，无变形，黄油嘴齐全，润滑好，轴承转动灵活。②滑轮无裂痕或轮缘缺损	
22			👁	①吊环、吊环销、吊环座、钩身等各受力区域无裂纹。②吊环用 $\phi 13mm$ 保险绳绕3圈，3个绳卡固定牢靠	
23			👉	①大钩弹簧伸缩及转动灵活，大钩提环销轴、两端螺母及开口销牢靠，副钩螺栓紧固。②大钩舌头灵活可靠。③大钩各部位（大钩提环销2个、大钩主轴承1个、大钩销1个）润滑良好	
24			👉	①水龙头固定螺钉齐全、紧固，机油充足，润滑良好，加油孔清洁，三个黄油嘴（提环销子2个、冲管压帽1个）放气孔畅通	

续表

序号	检查项目（部位）	图示	检查方法	检查项点	检查结果（检查结果正常用"√"，存在问题用"×"）
	不符合及整改情况				

接班人（签字）：　　　　　日期：　　　　　副司钻（签字）：

表 3-19　ZJ70 LDB 钻机副司钻 HSE 检查表

交班人（签字）：　　　　　　　　　　　　　　　　　　　　　　日期：

巡回检查路线：值班房→循环罐→泵房→高压管汇→远程控制台→值班房

序号	检查项目（部位）	图示	检查方法	检查项点	检查结果（检查结果正常用"√"，存在问题用"×"）
1	值班房			①工程班报表、钻具记录、设备运转记录及 HSE 班前班后会记录齐全、准确、清洁	
2				①认真了解所钻井深、地层、钻具结构、钻井液性能、钻头使用情况，确定注意事项和重点操作措施	

续表

序号	检查项目（部位）	图示	检查方法	检查项点	检查结果（检查结果正常用"√"，存在问题用"×"）
3	循环罐		目视	①循环罐及钻井液池内钻井液储量充足，满足井下工况。②钻井液池防渗布完好，钻井液池无渗漏	
4			目视	①循环罐栏杆齐全，照明及各开关良好。②循环罐各闸阀开关灵活，完好无损。③搅拌器运转正常	
5			目视	①除泥器、除砂器、除气器、搅拌器及离心机完好	
6			目视	①配浆漏斗及电动机运转正常，清洁无堵塞。②加重材料、重浆储备符合井控要求	
7			目视	①循环罐区域目视化标识齐全，设立位置规范	
8	泵房		目视	①泵房工具齐全、完好、清洁，钻井泵备件准备充足。②泵房区目视化标识牌齐全、醒目、完好	

- 194 -

续表

序号	检查项目（部位）	图示	检查方法	检查项点	检查结果（检查结果正常用"√"，存在问题用"×"）
9	泵房			①钻井泵润滑良好，油质符合要求。②各连接螺钉齐全、紧固，钻井泵运转无杂音	
10				①拉杆润滑及冷却良好，液力端不刺、不漏	
11				①空气包充气压力符合标准，压力表灵敏，读数准确	
12				①保险阀工作可靠，剪切销安装位置符合要求。②泄压管线固定牢靠，并系有保险绳	
13				①闸门组各闸阀开关正确、灵活好用。②高压软管保险绳（链）符合要求，各管汇、管线不刺不漏	

续表

序号	检查项目（部位）	图示	检查方法	检查项点	检查结果（检查结果正常用"√"，存在问题用"×"）
14	泵房		看	①喷淋泵运转正常，冷却水水量充足，水质干净，皮带松紧度合适，护罩齐全牢固	
15			看、触	①万向轴连接牢靠，运转无异常，护罩完好。②钻井泵与底座连接固定牢靠	
16			看	①阀岛箱内无杂物，工作正常，接线、气管线无脱落，加热装置完好，工作正常。②异地控制开关完好，位置正确	
17			看	①离合器气囊完好，无油污，不打滑，摩擦片紧固，无偏磨、无松动脱落现象	
18	高压管汇		看、触	①地面管汇及立管固定牢靠。②立管阀门灵活好用	
19				①法兰、卡箍、活接头连接紧固，不刺不漏，各保险绳固定牢靠	

续表

序号	检查项目（部位）	图示	检查方法	检查项点	检查结果（检查结果正常用"√"，存在问题用"×"）
20	远程控制台		👁	①远控台仪表完好，压力显示正常	
21			👁	②各控制手柄位置正确	
22			👂👉	③电控箱、电泵及气泵工作正常	
23			👁	④油箱油量充足，油质清洁	
24			👁	⑤管汇、管线及阀件安装符合标准，无刺漏	

不符合及整改情况

接班人（签字）：　　　　日期：　　　　司钻（签字）：

表 3–20　ZJ70 LDB 钻机司钻 HSE 检查表

交班人（签字）：					日期：	

巡回检查路线：值班房→井口→死绳固定器→防碰天车→钻台面→司控房→转盘惯刹离合器→滚筒活绳→高低速离合器→盘刹系统→辅助刹车→值班房

序号	检查项目（部位）	图示	检查方法	检查项点	检查结果（检查结果正常用"√"，存在问题用"×"）
1	值班房		👁	①工程班报、交接班记录、HSE 安全讲话等各种记录填写齐全、准确	
2	井口		👁👉	①防喷器安装规范，固定牢靠，卫生清洁。②井口回填符合要求	
			👁	①排水畅通，基础周围无塌陷，无杂物、积油、积水	
3	死绳固定器		👁	①钢丝绳无拖地、无油水、无泥土锈蚀浸泡，大绳进行防腐防损包扎	
			👁👉	①死绳固定器挡销齐全，大绳无变形、无跳槽、无挤压。②压板螺栓齐全、紧固，并帽齐全。③防脱短节无移位，绳卡固定规范，死绳不与井架及井架附件相摩擦	

续表

序号	检查项目（部位）	图示	检查方法	检查项点	检查结果（检查结果正常用"√"，存在问题用"×"）
3	死绳固定器		看	①传压器胶囊、管线及自封接头无渗漏，冬防保温措施到位	
4	防碰天车		看	①电子防碰高度调节合适，显示正常，灵敏可靠	
			指	①过卷阀位置调节合适，灵敏可靠，挡杆并帽紧固	
			指	①防碰天车钢丝绳（$\phi 6.4mm$）松紧度合适，连接易于脱开，保险可靠，无打扭及挂井架现象	
5	钻台面		看	①压力表灵敏、可靠，冬防保温措施到位。②防喷器司钻控制台工作正常	

续表

序号	检查项目（部位）	图示	检查方法	检查项点	检查结果（检查结果正常用"√"，存在问题用"×"）
6	司控房			①操作台各开关、快速排气阀等气动元件灵敏、完好，工作可靠	
				①液压刹车阀灵敏，摆角合适，刹车工作压力5～7.5MPa。 ②紧急刹车按钮灵敏、可靠	
				①总离合器、自动送钻、锁挡、高低速换挡等开关挂合正常，位置正确	
				①阀岛箱工作正常，无窜、漏气现象。 ②电控箱指示灯、参数正常	
				①转盘扭矩仪灵敏，转盘惯刹开关、速度调节手柄灵活好用	
				①指重表、泵压表、液压猫头压力表、八参仪等仪表完好、灵敏，冬防保温措施到位	

续表

序号	检查项目（部位）	图示	检查方法	检查项点	检查结果（检查结果正常用"√"，存在问题用"×"）
6	司控房		👁	①工业监控显示清晰，监测探头数量满足要求，监测角度合适	
7	转盘惯刹离合器		👁✋	①固定螺栓齐全、紧固。②气龙头及管线不窜气、不漏气，放气阀灵活可靠，摩擦片无偏磨及损坏、无缺失，气囊完好，无油污	
8	滚筒活绳		👁	①活绳头绳卡压板螺栓齐全、无松动。②滚筒大绳排列整齐，大绳断丝不超标。③上提游车吊卡离开转盘面时，钢丝绳在滚筒缠绕不少于两层	
9	高低速离合器		👁✋	①各固定螺钉齐全、紧固。②导气龙头及管线不漏气，快速排气阀畅通、灵活可靠	
			👁	摩擦片无偏磨及损坏、缺失；刹车毂无变形、无破裂，气囊完好，无油污	
10	盘刹系统				

续表

序号	检查项目（部位）	图示	检查方法	检查项点	检查结果（检查结果正常用"√"，存在问题用"×"）
10	盘刹系统			①刹车盘无漏水，清洁无油污，刹车盘单边磨损≤5mm，水冷式刹车盘冷却水管线畅通，循环正常。 ②工作钳油缸油封无泄漏，呼吸器清洁，无漏油、堵塞现象，工作钳刹车间隙≤2mm；刹车块磨损厚度≤10mm。 ③安全钳缸油封无泄漏，呼吸器清洁，无漏油、堵塞现象，安全钳刹车间隙≤0.5mm，刹车块磨损厚度≤10mm。 ④盘刹泵站油面足够，2台泵工作正常，储能器压力正常，无漏油现象	
11	辅助刹车			①电磁刹车不漏水，进出管线畅通，冬防保温措施到位	
不符合及整改情况					

接班人（签字）：　　　　日期：　　　　大班司钻（签字）：

表 3-21　ZJ70 LDB 钻机柴油机司机 HSE 检查表

交班人（签字）：					日期：	

巡回检查路线：值班房→柴油机→并车传动箱→液力变矩器→油罐区→发电房→VFD 电控房→气源房→值班房

序号	检查项目（部位）	图示	检查方式	检查项点	检查结果（检查结果正常用"√"，存在问题用"×"）
1	值班房		👁	①检查动力设备机组的运转保养记录、岗位交接班检查记录、HSE 检查记录，各种记录齐全、准确、清洁；并通过检查掌握清楚动力机组及相关传动设备的维护保养情况，上一班检查存在的问题及整改情况	
			👁	①了解工程地质预算、所钻地层、井深及钻井参数情况，动力配置满足工况，设备不超负荷运转	
2	柴油机		👁👂✋	①设备运转正常，水箱防冻液量足够，清洁、散热好，巡回水正常，各管道畅通，各管线接头牢固，不渗漏	
			👁	①仪表盘无破损，各仪表灵敏准确。②预供油泵完好，油压正常。③气启动装置正常	

续表

序号	检查项目（部位）	图示	检查方法	检查项点	检查结果（检查结果正常用"√"，存在问题用"×"）
2	柴油机			①高压油泵固定牢靠，连接盘连接牢靠不松旷，润滑油液面合乎要求，连接管线处不漏油	
				①三滤（空气滤清器、机油滤清器、柴油滤清器）完好无损，干净无堵塞。②供气系统各连接管道密封，不漏气，供气不短路。③机油、柴油不渗漏	
				①飞轮不摆动，轴向窜动不超过标准，与万向轴连接螺栓紧固无松动，护罩完好、固定牢靠	
				①曲轴箱润滑油量、油质符合要求。②风扇传动轴轴承润滑良好，风扇皮带松紧度合适	
				①油冷器、中冷器散热良好，增压器工作良好，管线连接不漏气	
				①机座固定螺钉及压板齐全、紧固。②排气管灭火装置正常	

续表

序号	检查项目（部位）	图示	检查方法	检查项点	检查结果（检查结果正常用"√"，存在问题用"×"）
3	并车传动箱		看、手	①控制箱各操作手柄灵活，控制动作正确、到位。②设备的固定定位螺栓（定位块）可靠，压紧装置无松动	
			听、看	①各传动轴轴端、轴承盖板、箱盖、油路等处无漏油。②轴端轴承温度正常。③各传动链完好，设备运转无异常声音	
			看	①润滑系统工作压力正常，油窗油位显示高度在要求范围以内。②各润滑点（喷嘴、接头等处）畅通，喷油润滑部位润滑良好。③润滑系统软管无老化破损现象	
			看、手	①各气控阀、气管线、接头等处不漏气。②各快速放气阀畅通无阻卡现象，导气龙头无发热或漏气现象。③气路管线无老化破损。④气路工作压力0.6~0.8MPa	

续表

序号	检查项目（部位）	图示	检查方法	检查项点	检查结果（检查结果正常用"√"，存在问题用"×"）
3	并车传动箱			①各离合器与连接盘的连接螺栓无松动，摩擦片的固定螺栓无松动，摩擦片的磨损程度无须更换	
				①钻井泵及节能发电机等的控制开关完好无损，且工作位置正确	
4	液力变矩器			①风扇轴保养及时，皮带松紧合适，卫生清洁、仪表灵敏	
				①油位高度正常，充油阀工作正常，无渗油情况	
5	油罐区			①油料库存满足生产，油泵运转正常，强制过滤器无堵塞	
6	发电房			①引擎运转正常，发电供电良好。②线头接触紧密	
				①并机柜各仪表、指示灯参数正常。②功率分配均衡，电瓶电量充足	

续表

序号	检查项目（部位）	图示	检查方法	检查项点	检查结果（检查结果正常用"√"，存在问题用"×"）
7	VFD电控房		👁️👉	①变频器参数正常。②仪表灵敏，各个控制单元工作正常	
			👁️	①空调运转正常，房内保持干燥，温度保持在23～25℃；房内清洁，无灰尘	
8	气源房		👁️👉	①寿力压缩机固定牢靠，运转正常，各仪表参数正常，工作按钮完好。②冷干机运转正常，除水效果好，排水及时，各仪表参数正常	
			👁️👉	①气瓶压力正常。②保险阀灵敏可靠。③各阀门灵活好用	

续表

序号	检查项目（部位）	图示	检查方法	检查项点	检查结果（检查结果正常用"√"，存在问题用"×"）
不符合及整改情况					

接班人（签字）：　　　　日期：　　　　司机长（签字）：

表 3-22　ZJ70 LDB 钻机大班司钻 HSE 检查表

交班人（签字）：　　　　　　　　　　　　　　　　　　日期：

巡回检查路线：值班房→井口工具及机械化设备→循环罐及净化设备→钻井泵→高压管汇→井控设施→消防设施→值班房

序号	检查项目（部位）	图示	检查方法	检查项点	检查结果（检查结果正常用"√"，存在问题用"×"）
1	值班房			①工程班报、交接班记录、HSE 安全讲话记录等要求填写齐全，准确	
2	井口工具及机械化设备			①气动绞车排绳整齐，刹车灵敏可靠，油雾杯油量充足	

续表

序号	检查项目（部位）	图示	检查方法	检查项点	检查结果（检查结果正常用"√"，存在问题用"×"）
3	井口工具及机械化设备		目视	①护罩无破损，门框无变形。②油（气）压力表指针灵敏。③设置断气开关，操作手柄定位装置完好。④油、气管线不刺不漏，无擦刮	
4			目视	①B型大钳吊绳采用φ13mm的钢丝绳；两端用与绳径相符的3个卡子卡牢。②钳尾绳应为φ22mm的单头插编钢丝绳套，一端固定于B型吊钳钳尾销处，一端用3个与绳径相符的卡子固定于尾绳桩处。③B型大钳上下调节无阻卡，钳体平衡，开口销齐全。④B型大钳本体使用红、黄、黑和绿安全色进行标识	

续表

序号	检查项目（部位）	图示	检查方法	检查项点	检查结果（检查结果正常用"√"，存在问题用"×"）
5	井口工具及机械化设备		看	①气动卡瓦卡瓦体尺寸与被卡持的管柱尺寸相符。卡瓦体与连接片连接可靠，支撑板上的螺钉无松动现象。②升降气缸升降灵活。③卫生清洁，润滑良好，保养到位，卡瓦牙清洁，无油、无泥浆	
6			看	①安全卡瓦清洁，连接牢靠，其开口销齐全，手柄完好。②卡瓦清洁，连接牢靠，其开口销齐全，手柄完好。其余井口工具干净清洁，润滑良好	
7	循环罐及净化设备		看	①振动筛电机及振动器工作状况良好，固定牢靠，万向轴十字轴承润滑良好，灵活	
8			看	①除砂器、除泥器、除气器、搅拌器、剪切泵固定牢靠，润滑良好	

续表

序号	检查项目（部位）	图示	检查方法	检查项点	检查结果（检查结果正常用"√"，存在问题用"×"）
8	循环罐及净化设备				
9				①离心机工作状况良好	
10	钻井泵			①设备运转正常，动力端及各传动部位润滑良好，十字头及滑板无异常声音，液力端冷却良好，无刺漏。②拉杆卡子及活塞背帽紧固，无异常声音。③冷却水水质干净，喷淋泵运转正常	
11				①安全泄压阀可靠，保险销位置符合要求。②泄压管线固定牢靠	

续表

序号	检查项目（部位）	图示	检查方法	检查项点	检查结果（检查结果正常用"√"，存在问题用"×"）
12				①空气包压力表完好，压力符合要求	
13	钻井泵			①钻井泵压力表灵敏。②高压管汇固定牢靠，无刺漏	
14	高压管汇			①地面管汇及立管固定牢靠。②立管阀门灵活好用	
15				①法兰、卡箍、活接头连接紧固，不刺不漏，各保险绳固定牢靠	
16	井控设施			①液压防喷器。②钻井四通。③节流管汇	

续表

序号	检查项目（部位）	图示	检查方法	检查项点	检查结果（检查结果正常用"√"，存在问题用"×"）
16	井控设施		眼	④压井管汇各闸门开关状态正确	
			手/眼	①远控房电动柱塞泵与空气泵工作良好。②各管线无刺漏	
			眼	①压力表完好，在检定周期内，储能器压力和管汇压力符合要求。②三位四通阀开关状态正确	
			眼	油箱油量充足，质量符合要求	
17	消防设施		眼/手	①消防设施齐全、完好，摆放到位。②消防泵油量充足，启动状况良好	

续表

序号	检查项目（部位）	图示	检查方法	检查项点	检查结果（检查结果正常用"√"，存在问题用"×"）
不符合及整改情况					

接班人（签字）：　　　　　　日期：　　　　　　值班干部（签字）：

表3—23　ZJ70 LDB 钻机机械工长 HSE 检查表

交班人（签字）：　　　　　　　　　　　　　　　　日期：

巡回检查路线：值班房→钳工房→绞车→司控房→钻台→井架→顶驱→顶驱材料房→值班房

序号	检查项目（部位）	图示	检查方法	检查项点	检查结果（检查结果正常用"√"，存在问题用"×"）
1	值班房			①机械设备运转记录、岗位交接班记录齐全、清晰、完整	
2	钳工房			①机械设备各种易损配件储备充足，摆放整齐，挂牌归类，房内卫生清洁	

续表

序号	检查项目（部位）	图示	检查方法	检查项点	检查结果（检查结果正常用"√"，存在问题用"×"）
3	钳工房			①砂轮机、切割机、台钻等加工机械完好，无故障、无隐患。 ②房内电路完好，无隐患，用电设施及房体接地良好。 ③电焊机护罩齐全，接线完好	

续表

序号	检查项目（部位）	图示	检查方法	检查项点	检查结果（检查结果正常用"√"，存在问题用"×"）
4	钳工房		目视	①氧气、乙炔气库存量满足要求，氧气、乙炔瓶分开存放，气瓶护帽齐全。②氧气表、乙炔表在有效期内，并装有止回阀	
5			目视、手动	①等离子切割机护罩齐全，接线完好，使用正常	
6	绞车		目视	①提升离合器、转盘离合器摩擦片无偏磨、无缺失，气囊完好，无油污	
			目视	①导气龙头、继气器及气管线不漏气，放气阀灵敏可靠	
			目视、手动	①滚筒钢丝绳排绳器使用正常，钢丝绳排列整齐，无乱绳夹绳现象，钢丝绳润滑良好，钢丝绳磨损不超标	
			手动	①活绳头固定规范，符合安全要求	

续表

序号	检查项目（部位）	图示	检查方法	检查项点	检查结果（检查结果正常用"√"，存在问题用"×"）
6	绞车		👁	上提游车吊卡离开转盘面时，钢丝绳在滚筒缠绕不少于两层	
			👁✋	①各离合器摩擦片螺钉齐全、紧固。 ②刹车毂无变形破裂。 ③摩擦片无偏磨及损坏、缺失。 ④气囊完好，无油污	
			👁✋	①刹车盘无漏水，清洁无油污，刹车盘单边磨损≤5mm，水冷式刹车盘冷却水管线畅通，循环正常。 ②工作钳油缸油封无泄漏，呼吸器清洁无漏油、堵塞现象，工作钳刹车间隙≤2mm；刹车块磨损厚度≤10mm。 ③安全钳油缸密封无泄漏，呼吸器清洁无漏油、堵塞现象，安全钳刹车间隙≤0.5mm，刹车块磨损厚度≤10mm。 ④盘刹泵站油面足够，2台泵工作正常，储能器压力正常，无漏油现象	

续表

序号	检查项目（部位）	图示	检查方法	检查项点	检查结果（检查结果正常用"√"，存在问题用"×"）
6	绞车			①过卷阀固定牢固，位置合适，碰压阀杆试验过卷阀工作正常，不漏气，过卷阀拔杆的长度合适，背帽紧固，要求过卷阀防碰动作在插拔式防碰天车动作之前工作，动作时游车距天车梁下平面距离不少于4m	
7	司控房			①司控房操作台手动刹车阀、紧急刹车、各压力表及操作台面下各阀件、管线各仪表、开关、按钮等完好灵敏，阀岛箱工作正常	
8	钻台			①天车防碰器、转盘、游车、大钩、水龙头、综合液压泵站等运转正常，润滑良好，无故障和隐患	
				①死绳固定器挡销齐全，大绳无变形、无跳槽、无挤压。②压板螺栓齐全、紧固、并帽齐全。③防脱短节无移位，绳卡固定规范，死绳不与井架及井架附件相摩擦。④传压器胶囊、管线及自封接头无渗漏，间隙在8～12mm之间，冬防保温措施到位	
				指重表准确、灵敏，记录仪完好，管线及传感器冬季有防冻措施	

续表

序号	检查项目（部位）	图示	检查方法	检查项点	检查结果（检查结果正常用"√"，存在问题用"×"）
9	井架		👆👁	①井架、各滑轮及辅助设施固定牢靠，使用正常	
10	顶驱		👁	①顶驱导轨总成（天车头悬挂耳板、连接卸扣、调节板、导轨及连接销、两道反扭矩梁）固定牢靠。 ②导轨末端配 $\phi 25mm$ 的安全绳，导轨下端与钻台面保持 2m 以上距离。 ③顶驱外观清洁，无锈蚀，本体部件无明显损伤损坏、螺栓安全装置无松动脱落。 ④冷却风机百叶窗、防护网等无破损和污物堵塞，冷却系统工作正常，减速箱运转正常，无异响，温升正常，油质、油量符合要求。 ⑤电缆悬挂牢固可靠，安装架螺栓齐全、连接可靠，锁紧钢丝全牢固。电缆外观清洁完好，无破损。 ⑥接插件连接牢固可靠；游动线缆行程、吊环旋转、倾斜范围无干扰	

续表

序号	检查项目（部位）	图示	检查方法	检查项点	检查结果（检查结果正常用"√"，存在问题用"×"）
11	顶驱材料房		👁	顶驱各配件归类摆放，配件数量足够，有标签，卫生清洁	
不符合及整改情况					

接班人（签字）：　　　　　日期：　　　　　值班干部（签字）：

表 3-24　ZJ70 LDB 钻机司机长 HSE 检查表

交班人（签字）：　　　　　　　　　　　　　　　　　日期：

巡回检查路线：值班房→材料房→油罐区→气源房→柴油机→并车传动箱→机房底座及场地→消防设施→值班房

序号	检查项目（部位）	图示	检查方法	检查项点	检查结果（检查结果正常用"√"，存在问题用"×"）
1	值班房		👁	①设备运转正常，保养到位，无超保、漏保现象；设备运转记录填写齐全、准确	
2			👁	①了解工程地质预告及井下情况，合理分配动力机组功率	

续表

序号	检查项目（部位）	图示	检查方法	检查项点	检查结果（检查结果正常用"√"，存在问题用"×"）
3	材料房		👁	①检查各种常用机械配件的储备数量	
4			👁✋	①柴油储量充足，油泵运转正常，强制过滤器无堵塞，罐区卫生清洁	
5	油罐区		👁	①机油储量充足，机油桶摆放整齐，卫生清洁，冬防保温措施到位	
6			👁	①防护堤规范，符合要求，无滴、漏、溢现象。②消防器材完好	
7	气源房		👁✋👂	①寿力压缩机固定牢靠，运转正常。各仪表参数正常	

续表

序号	检查项目（部位）	图示	检查方法	检查项点	检查结果（检查结果正常用"√"，存在问题用"×"）
8	气源房		👁	①冷干机运转正常，除水效果好，各仪表参数正常	
9	气源房		👁	①气瓶压力正常。 ②保险阀灵敏可靠。 ③各阀门灵活好用。 ④能按要求及时放水并填写纪录	
10	柴油机		👁	①水箱冷却液在刻度要求范围以内，清洁，散热好，循环水正常，各管道畅通，各管线接头牢固，不渗漏	

续表

序号	检查项目（部位）	图示	检查方法	检查项点	检查结果（检查结果正常用"√"，存在问题用"×"）
11	柴油机		👁	①仪表盘无破损，各仪表灵敏准确。②预供油泵完好，油压正常。③气启动装置正常	
			🔧	①高压油泵固定牢靠，连接盘连接牢靠，润滑油液面符合要求，管线连接无渗漏	
12			🔧	①三滤（空气滤清器、机油滤清器、柴油滤清器）完好无损，干净无堵塞；供气、供油系统连接无渗漏	
13			🔧	①飞轮运转平稳，轴向窜动不超标，与万向轴连接螺栓紧固无松动，护罩完好、固定牢靠	
14			🔧	①曲轴箱润滑油量、油质符合要求。②风扇传动轴轴承润滑良好，风扇皮带松紧度合适	

续表

序号	检查项目（部位）	图示	检查方法	检查项点	检查结果（检查结果正常用"√"，存在问题用"×"）
15	柴油机			①油冷器、中冷器散热良好，增压器工作良好，管线连接不漏气	
16				①机座固定螺钉及压板齐全、紧固	
17				①设备定位可靠，固定良好。②离合器控制箱各手柄灵活，控制到位	
18	并车传动箱			①各传动轴轴端、轴承盖板、箱盖、油路等处无漏油。②轴端轴承温度正常。③各传动链条完好，设备运转无异常声音	
19				①润滑系统工作压力正常，油窗油位显示高度在要求范围以内。②各润滑点（喷嘴、接头等处）畅通，喷油润滑部位润滑良好。③润滑系统软管无老化破损现象	

续表

序号	检查项目（部位）	图示	检查方法	检查项点	检查结果（检查结果正常用"√"，存在问题用"×"）
20	并车传动箱		👁	①各气控阀、气管线、接头等处不漏气，气路管线无老化破损。②各快速放气阀畅通，无阻卡现象，导气龙头不发热、不漏气。③气路工作压力0.6～0.8MPa	
21			👁	①各离合器与连接盘的连接螺栓紧固，摩擦块齐全，无脱落，厚度在使用要求范围以内，气囊完好无油污	
22	机房底座及场地		✋👁	①油气水管线完好、布局规范、无破损，冬防保温措施到位	
			👁	①底座上下无油污、无积水。②梯子、栏杆、护罩、安全标识牌齐全、完好	

续表

序号	检查项目（部位）	图示	检查方法	检查项点	检查结果（检查结果正常用"√"，存在问题用"×"）
22	机房底座及场地		看	③底座各连接销齐全	
			看、摸	①无油品泄漏污染现象。②机房所有电动机运转正常，接地线完好	
23	消防设施		看	①消防器材齐全、清洁，灭火器压力正常，消防砂符合标准	

不符合及整改情况	

接班人（签字）：　　　　日期：　　　　值班干部（签字）：

表 3—25　ZJ70 LDB 钻机钻井液工 HSE 检查表

交班人（签字）：					日期：	
巡回检查路线：值班房→循环罐及固控系统→钻井液材料房→场地→地质录井房→工程值班房→钻井液值班房→值班房						

序号	检查项目（部位）	图示	检查方法	检查项点	检查结果（检查结果正常用"√"，存在问题用"×"）
1	值班房		看	①钻井液日报填写齐全、准确	
2			看	①了解所钻井深、地层、压力梯度、钻具结构、钻井液性能、钻时、钻头使用情况及有无油气侵情况	
3			看	①明确井下施工风险注意事项和钻井液维护措施	
4	循环罐及固控系统		看	①循环罐及钻井液池内钻井液量充足，流动性及携砂性好，能满足井下工况。②钻井液池防渗布完好，钻井液池无渗漏	
5			看	①循环罐区安全通道畅通	

续表

序号	检查项目（部位）	图示	检查方法	检查项点	检查结果（检查结果正常用"√"，存在问题用"×"）
5	循环罐及固控系统		👁	②循环罐铺台、栏杆齐全，罐面卫生清洁	
6			👉	①振动筛筛布完好无损，运转正常，卫生清洁	
7			👁👉	①除砂器、除泥器筛布完好无损，运转正常，卫生清洁	
8			👁👉	①离心机运转正常，润滑良好，卫生清洁（停用后内筒清洁干净）	
9			👁👉	①搅拌机运转正常，润滑良好，卫生清洁	
10			👁👉	①剪切泵运转正常，润滑良好，卫生清洁	
11			👁	①循环罐各管线连接牢靠，无渗漏	

- 228 -

续表

序号	检查项目（部位）	图示	检查方法	检查项点	检查结果（检查结果正常用"√"，存在问题用"×"）
11	循环罐及固控系统		看	②各闸阀完好无损坏，开关正确，各循环管道畅通	
12			看、摸	①循环罐及固控设备的所有马达、启动开关完好，固定牢靠，润滑好	
13			摸	①加重配浆漏斗及马达完好，运转正常	
14			看	①各种加重材料储备品种及数量满足要求	
15			看、摸	①钻井液罐液面检测仪完好，示值灵敏准确	

续表

序号	检查项目（部位）	图示	检查方法	检查项点	检查结果（检查结果正常用"√"，存在问题用"×"）
16	循环罐及固控系统		看	①在坐岗房查看坐岗记录和有毒有害气体检测记录，有无油气浸及有毒有害气体浸入现象，监测值是否达到警戒阈限值，并根据监测情况制定相应的钻井液处理措施	
17			看	①循环罐区域目视化标示齐全、规范	
18	钻井液材料房		看	①品种齐全，数量充足，分类标识存放，四防（防火、防潮、防晒、防混）措施到位	
19	场地		看、摸	①生产水储备能满足生产，生产水灌的马达、阀门完好无损坏。②梯子、栏杆、标识牌齐全、完好。③无外溢及滴漏现象	
20			看	①各输水管线布局规范，冬季施工对管线和各闸阀进行了防冻包扎	

续表

序号	检查项目（部位）	图示	检查方法	检查项点	检查结果（检查结果正常用"√"，存在问题用"×"）
21	场地		👁	①井场内及周边无化学药品泄漏和钻井液污染	
22	地质录井房		👁	①查看钻井液性能、地层岩性、岩屑粒度及失真情况。②掌握录井井深和钻时、气测值等	
23	工程值班房		👁	①掌握工作进程、钻井参数、井身结构及工程施工对井下的特殊要求措施	
24	钻井液值班房		👁	①比重计、漏斗黏度仪、中压失水仪、旋转黏度仪等钻井液检测仪器工作状态完好	
不符合及整改情况					

接班人（签字）：　　　　日期：　　　　值班干部（签字）：

表 3-26 ZJ70 LDB 钻机电气工程师 HSE 检查表

交班人（签字）：　　　　　　　　　　　　　　　　　　日期：

巡回检查路线：值班房→材料房→发电房→VFD 房→场地→司控房→顶驱电控房→工业监控系统→循环罐区→油罐→值班房

序号	检查项目（部位）	图示	检查方法	检查项点	检查结果（检查结果正常用"√"，存在问题用"×"）
1	值班房		看	①HSE 班前班后会记录、电器岗交接班记录齐全、准确、清洁	
2			看	①了解工程地质预告及井下情况，合理分配电器功率，不超负荷运转	
3	材料房		看	①检查电器易损配件储备量库存情况	
4	发电房		看、摸	①引擎运转正常，机体固定无松动、移位。油水无变质，温度正常。②管线连接无渗漏，线头接触紧固无松动。③发电机供电系统良好，温度正常	

续表

序号	检查项目（部位）	图示	检查方法	检查项点	检查结果（检查结果正常用"√"，存在问题用"×"）
4	发电房		目视	④应急灯工作正常	
5	发电房		目视	①发电机液晶显示屏完好，各指示灯、参数显示正常。②电瓶电量充足。③并机柜各指示灯正常，发电机功率、电压、电流参数显示正常，配载均衡，无过载现象	
6	发电房		目视	①机组、控制柜及发电房等所有接地线完好	

续表

序号	检查项目（部位）	图示	检查方法	检查项点	检查结果（检查结果正常用"√"，存在问题用"×"）
7	发电房		目视	①发电房内外卫生清洁，无杂物，地面绝缘橡胶完好，灭火器完好	
8	VFD房		目视	①变频器参数正常。②电器设施供电正常，无过流现象	
9			手感	各接线插头连接牢靠，无松动，接线盒防雨水设施完好	
10			目视	空调运转正常，房内保持干燥，温度保持在23～25℃	

续表

序号	检查项目（部位）	图示	检查方法	检查项点	检查结果（检查结果正常用"√"，存在问题用"×"）
11	VFD房		目视	①房内清洁，无灰尘，房内地板绝缘橡胶无腐蚀、老化、损坏。②机组及接地线完好。③应急灯工作正常	
12			目视	①并机柜液晶显示屏完好，各指示灯、参数显示正常	
13			目视	①井场所有电动机运转正常，接地线完好	
14	场地		目视	①井场所有照明设施齐全完好	
15			目视	①电缆摆放整齐，无打结、无磨损、无油泥浸泡、无挤压变形及绝缘橡胶老化	
16	司控房		目视	①各仪表参数正常，指示灯完好，手轮完好，脚踏油门灵活好用	
17	顶驱电控房		目视	①电控房各按钮处于正常工作状态，接线插头连接牢靠，电控房温度适宜，空调运转正常。卫生清洁（使用顶驱检查）	

续表

序号	检查项目（部位）	图示	检查方法	检查项点	检查结果（检查结果正常用"√"，存在问题用"×"）
18	工业监控系统		看	①工业监控画面显示清晰，角度合适	
19			摸/看	①各接线插头连接牢靠，无松动，接线盒防雨水设施完好，防爆部位密封	
20	循环罐区		指	①电缆无磨损，无泥浆浸泡、无挤压变形及绝缘橡胶老化	
21			指	①所有电机运转良好，接地线完好。②所有照明设施齐全完好	
22	油罐		指/看	①电机运转良好，接地线完好，各接线插头连接牢靠，无松动，接线盒防雨水设施完好。	

续表

序号	检查项目（部位）	图示	检查方法	检查项点	检查结果（检查结果正常用"√"，存在问题用"×"）
22	油罐			②防爆部位密封，照明设施完好	
23				①液量计量计供电良好，各参数显示正常，液位传感器工作正常	
不符合及整改情况					

接班人（签字）：　　　　　　日期：　　　　　　值班干部（签字）：

表 3—27　ZJ70 LDB 钻机值班干部 HSE 检查表

交班人（签字）：	日期：

巡回检查路线：值班房→循环罐→泵房→发电房→VFD 房→气源房→顶驱电控房→机房→油水罐区→钻台下→钻台上→井架→井场→材料房→值班房

序号	检查项目（部位）	图示	检查方法	检查项点	检查结果（检查结果正常用"√"，存在问题用"×"）
1	值班房			①各种记录、报表填写齐全、准确	

续表

序号	检查项目（部位）	图示	检查方法	检查项点	检查结果（检查结果正常用"√"，存在问题用"×"）
2	值班房		👁	①井深、时效分析、班组作业计划执行到位。 ②钻时、油气显示、地层岩性和钻井液主要性能记录齐全	
3			👁👉	①除泥器、除砂器、除气器、液面报警仪、搅拌器及离心机等完好。 ②循环罐及钻井液池内钻井液量满足生产要求，钻井液性能符合设计要求、携砂好、井壁无坍塌。 ③配浆漏斗及马达运转正常，清洁无堵塞	
4	循环罐		👁	①坐岗房记录和有毒有害气体检测记录填写及时、准确，原因分析明确	
5			👁	① H_2S、CO 有毒有害气体监测探头（传感器）完好，固定牢靠，卫生清洁，无油污堵塞。 ②钻井液池防渗布完好、无破损，钻井液及其他化学药品无外漏污染现象	
6			👉👁	①各种加重材料储备品种及数量满足要求，加重浆储备满足井控要求	

续表

序号	检查项目（部位）	图示	检查方法	检查项点	检查结果（检查结果正常用"√"，存在问题用"×"）
7	泵房			①钻井泵运转、润滑良好，各连接部位固定牢靠无松动。 ②泵压表、保险阀完好、灵敏、可靠。 ③高低压管汇固定牢靠，阀门灵活。 ④工具、配件齐全	
8	发电房			①配电柜各仪表、按钮、指示灯正常。 ②发电机组运转良好，固定牢靠，无渗漏油现象，地板绝缘橡胶无损坏腐蚀，卫生清洁，房内无易燃易爆等其他杂物	
9	VFD房			①电器设施供电正常，各仪表、指示灯工作正常。 ②房体卫生清洁，无灰尘，无杂物，地板绝缘橡胶无损坏腐蚀。 ③应急照明灯正常	

续表

序号	检查项目（部位）	图示	检查方法	检查项点	检查结果（检查结果正常用"√"，存在问题用"×"）
10	气源房			①寿力压缩机油面、油质、空气滤子、散热箱、轴承等正常，各仪表参数正常，按钮完好。 ②冷干机运转正常，固定牢靠，各仪表灵敏、准确	
11				①气瓶压力正常，保险阀灵敏、可靠。 ②各阀门灵活、好用。 ③按要求及时放水并填写好记录	

续表

序号	检查项目（部位）	图示	检查方法	检查项点	检查结果（检查结果正常用"√"，存在问题用"×"）
12	顶驱电控房			①电控房各按钮处于正常工作状态，接线插头连接牢靠，电控房温度适宜，空调运转正常，卫生清洁（使用顶驱检查）	
13	机房			①各种梯子、栏杆、护罩等完好齐全，固定牢靠。②底座上下无积油积水。③各动力传动设备固定牢靠	
14				①各气控阀、气管线、接头等处不漏气；各快速放气阀畅通，无阻卡现象；导气龙头不发热、漏气；气路管线无老化破损，气路工作压力0.6～0.8MPa	
15				①油窗油位显示高度正常；各润滑点（喷嘴、接头等处）畅通，喷油润滑的部位正确。②润滑系统的软管无老化破损。③润滑系统工作压力正常	

续表

序号	检查项目（部位）	图示	检查方法	检查项点	检查结果（检查结果正常用"√"，存在问题用"×"）
16	油水罐区			①油料、生产水储备充足，油水灌区各辅助设备、闸阀完好，无泄漏、污染现象	
17	钻台下			①封井器、转盘、绞车等固定牢靠，刹车系统可靠。②绞车滚筒大绳及活绳固定可靠。③井架底座无异常，排水沟畅通	
18	钻台上			①死绳固定牢靠。②立管压力表读数准确	

续表

序号	检查项目（部位）	图示	检查方法	检查项点	检查结果（检查结果正常用"√"，存在问题用"×"）
18	钻台上			③防碰天车工作可靠。 ④变频电机。 ⑤司控房。 ⑥液压泵站。 ⑦气动绞车及井口工具（包括液压大钳）完好。 ⑧钻台各种梯子、栏杆齐全，无变形	

续表

序号	检查项目（部位）	图示	检查方法	检查项点	检查结果（检查结果正常用"√"，存在问题用"×"）
19	钻台上		看	顶驱运转正常，管线不刺不漏	
20	井架		看	①井架、各滑轮及辅助设施等固定牢靠。②游车、大钩、水龙头等工作状况良好，附件完好，无渗漏现象	
21	井场		看	①钻具归类，排列整齐。②钻井液材料。③消防工具。④井控装置等安装布置合理	

续表

序号	检查项目（部位）	图示	检查方法	检查项点	检查结果（检查结果正常用"√"，存在问题用"×"）
22	材料房			①材料储备满足生产，帐、物、卡三对口，摆放整洁	
不符合及整改情况					

接班人（签字）：　　　　　　日期：　　　　　　副司钻（签字）：

表 3-28　ZJ 50DB 钻机场地工 HSE 检查表

交班人（签字）：	日期：

巡回检查路线：值班房→场地→生产水罐→振动筛→除气器、泵→一体机、泵→离心机、泵→搅拌器→加重平台→井控设施→钻台→值班房

序号	检查项目（部位）	图示	检查方法	检查项点	检查结果（正常用"√"，存在问题用"×"）
1	值班房			①资料齐全真实，记录整齐	
2	场地			①钻具排放整齐，坏钻具标识清楚，螺纹干净，润滑良好；螺纹保护器齐全	
3				①各类 HSE 标牌及安全警示牌干净、完好	

续表

序号	检查项目（部位）	图示	检查方法	检查项点	检查结果（正常用"√"，存在问题用"×"）
4	场地		👉👁	①场地平整、清洁、无杂物；场地工具摆放整齐、卫生清洁，数量够。警戒区、逃生通道等处警示牌规范	
5			👉👁	①沉砂池防渗布无破损，排污泵运转正常，管线无刺漏。②配浆区整洁	
6	生产水罐		👉👁	①安全设施齐全，卫生清洁，各栏杆固定牢固，所有销子、安全别针齐全	
7	振动筛		👁👂	①振动筛卫生清洁、各紧固螺钉固定牢固	
8			👁👂	①运转正常、启动无异常杂音	
9			👁	①筛布完好，固定牢靠，高度合适，不跑钻井液	

续表

序号	检查项目（部位）	图示	检查方法	检查项点	检查结果（正常用"√"，存在问题用"×"）
10	振动筛			①振动筛下岩屑及时清理	
11	除气器、泵			①卫生清洁、固定牢固。处于待命状态，15s 能形成 0.3MPa 负压	
12				①灌注泵保养油料油质合格，油量充足，运转正常	
13				①排气管线无破损、连接牢固，无外漏，排除井场 15m 外	
14				①卫生清洁，固定牢固，灌注泵保养油料油质合格，油量充足，运转正常	
15	一体机、泵			①连接管线牢固，无外漏	
16				①各旋流器工作正常，不跑钻井液，工作压力合适	

续表

序号	检查项目（部位）	图示	检查方法	检查项点	检查结果（正常用"√"，存在问题用"×"）
17	离心机、泵		👁	①卫生清洁，固定牢固，润滑良好，内腔清洁	
18			👁	①供液泵油料油质合格，油量充足，运转正常，连接管线牢固，无外漏	
19			👁	①除泥效果良好，不跑钻井液	
20	搅拌器		👁	①卫生清洁，固定牢固，润滑良好，油质合格，油量充足，运转正常，本体温度正常，启动无异常杂音	
21	加重平台		👁	①洗眼台工作正常，水质合格，照明完好	
22			👁	①加重漏斗无杂物，滤网齐全，电机机油充足	
23	井控设施		👁	①压井管汇卫生干净，闸门开关准确、灵活，标识清楚，润滑良好	

续表

序号	检查项目（部位）	图示	检查方法	检查项点	检查结果（正常用"√"，存在问题用"×"）
24	井控设施			①压井管线、内放喷管线连接牢靠，安全链齐全	
25				①压力表完好，单向阀完好	
26				①轴流风机摆放位置正确，护罩完好，工作正常	
27	钻台			①钻具编号与场地相符	
不符合及整改情况					

接班人（签字）：　　　　　日期：　　　　　副司钻（签字）：

表 3—29 ZJ50DB 钻机外钳工 HSE 检查表

交班人（签字）：　　　　　　　　　　　　　　　　日期：

巡回检查路线：值班房→钻台→手工具→液气大钳→液压猫头及外钳→井口工具→井控设备→值班房

序号	检查项目（部位）	图示	检查方法	检查项点	检查结果（正常用"√"，存在问题用"×"）
1	值班房		看	①岗位交接班记录填写整齐、准确	
2	钻台		看	①丝扣油数量符合要求，密封好，无泥沙、无硬块，油桶清洁，把子完好。丝扣油刷完好	
3	钻台		看	①安全通道畅通，钻台摆放整齐	
4			看	①钻台栏杆标识牌齐全，无变形，全封闭，清洁卫生，无油污、无泥浆	
5			看	①各连接销子齐全，各部位螺钉齐全，钳牙固定牢靠	
6	手工具		看	①扳手、起子、榔头等手工具齐全无损坏；工具箱清洁、整齐	

续表

序号	检查项目（部位）	图示	检查方法	检查项点	检查结果（正常用"√"，存在问题用"×"）
7	液气大钳			①液气大钳完好，各销子齐全，运转正常。气缸、导链、保险绳安装规范	
8				①安装位置合理，吊绳完好，绳卡数量尺寸符合标准	
9				①导向绳以及滑轮完好，灵活好用；绝气开关、自锁装置可靠；各液、气管线完好，无磨损、无刺漏	
10				①液压泵站油量足够，卫生清洁，管线连接处无渗漏，启动后泵站压力正常	
11	液压猫头及外钳			①液压猫头固定牢固，钢丝绳无断丝，滚轮转动灵活	
12				①外B型大钳、吊绳完好，开口销齐全，绳卡数量尺寸符合标准；钳尾绳完好，绳卡数量尺寸符合标准	

续表

序号	检查项目（部位）	图示	检查方法	检查项点	检查结果（正常用"√"，存在问题用"×"）
13	井口工具			①吊卡开关灵活，卫生清洁。安全卡瓦清洁，连接牢靠。其开口销齐全，手柄完好。卡瓦清洁，连接牢靠，其开口销齐全，手柄完好。气动卡瓦卫生清洁，润滑良好，保养到位，卡瓦牙清洁，无油、无钻井液	
14	井控设备			①节流管汇卫生干净，闸门开关准确、灵活，标识清楚，润滑良好	
15				①节流管线、内放喷管线连接牢靠，安全链齐全	
16				①放喷管线连接牢固，地锚紧固完好	
17				①压力表完好，量程符合要求，低量程压力表常关	
不符合及整改情况					

接班人（签字）：　　　　日期：　　　　副司钻（签字）：

表 3—30 ZJ50DB 钻机内钳工 HSE 检查表

交班人（签字）：　　　　　　　　　　　　　　　日期：

巡回检查路线：值班房→盘刹→盘刹泵站→绞车→指重表→内钳及液压猫头→井口工具→气动小绞车→井控设备方面→值班房

序号	检查项目（部位）	图示	检查方法	检查项点	检查结果（正常用"√"，存在问题用"×"）
1	值班房			①岗位交接班记录填写整齐、准确，《钻台设备运转记录》内容齐全、准确，签字手续落实	
2	盘刹			①电机启动正常，开关灵活有效	
3				①电机运转正常无异响，联轴器完好	
4				①机油泵润滑良好、无异响、无漏油	
5				①水质符合要求，水量充足	
6	盘刹泵站			①泵站运转正常，卫生清洁	

续表

序号	检查项目（部位）	图示	检查方法	检查项点	检查结果（正常用"√"，存在问题用"×"）
7	盘刹泵站			①液压油油量足量、不渗不漏	
8				①泵站温度合适，各压力表、指示器工作正常，压力大小合适	
9				①绞车排绳器固定螺栓固定正确可靠，各固定螺钉齐全，紧固	
10				①按周期保养，润滑好，黄油嘴齐全，齿轮油油量充足	
11	绞车			①转盘固定牢靠，润滑良好，锁销灵活	
12				①自动送钻紧固，导气阀灵活好用	
13				①盘刹灵敏可靠，调节灵活合适，刹车间隙<1mm（3孔）；刹车臂灵活，润滑良好，固定无松动；刹车块厚度≥12mm；保险卡齐全，管线无刺漏；刹车盘完好，固定无松动，紧急刹车可靠	

续表

序号	检查项目（部位）	图示	检查方法	检查项点	检查结果（正常用"√"，存在问题用"×"）
14	指重表		看	①固定螺钉齐全、紧固、灵活、读数准确。②液压管线不刺不漏。压力传感器灵敏完好	
15			看	①内B型钳尾绳用φ22mm钢丝绳，吊绳（φ12.7mm）每端用3个同样尺寸的绳卡卡紧，局部断丝不超过3丝，尾销、连接销、保险销齐全	
16	内钳及液压猫头		看	①调节平衡，灵活好用	
17			看	①液压猫头润滑良好，黄油嘴齐全完好，无漏油，固定牢靠，钢丝绳局部断丝不超过3丝，两端用3个绳卡子卡牢，不用时收回，钢丝绳无打扭	
18	井口工具		看	①吊环、吊卡完好，保险绳、保险销符合要求	
19			看	①气动卡瓦、卡瓦灵活好用，完好无缺，不打滑、不松动	

续表

序号	检查项目（部位）	图示	检查方法	检查项点	检查结果（正常用"√"，存在问题用"×"）
20	井口工具		👁	①安全卡瓦完好，大小销子连接牢靠，销子、保险链清洁、灵活	
21			👁	①钻头盒完好，无裂痕；鼠洞盖板完好，位置正确	
22			👁	①黄油桶完好、清洁，质量符合要求	
23			👁	①黄油枪完好，使用灵活；管钳及链钳完好	
24			👁	①钻杆钩子、刮泥器、链钳、管钳完好，卫生	
25	气动小绞车		👁	①φ16mm 的钢丝绳不得有断丝、打结、扭曲，拉至最远处时滚桶上缠绕绳不小于6圈，死绳端固定可靠；吊钩为自锁式，用3个16mm 的 U 形卡子连接牢固	
26			👁👂	①气动绞车四角固定和井架上滑轮固定可靠；刹车可靠，灵活；刹车毂上无油污，刹带片磨损不超过 2mm；护罩齐全紧固，无变形，无漏气	

续表

序号	检查项目（部位）	图示	检查方法	检查项点	检查结果（正常用"√"，存在问题用"×"）
27	井控设备方面		看	①回压阀、悬塞无锈蚀，复位正常，顶开装置转动灵活	
28			看、听	①轴流风机护罩齐全，工作正常	
29			看	①上下旋塞开关灵活；扳手易取好用	
不符合及整改情况					

接班人（签字）：　　　　　日期：　　　　　副司钻（签字）：

表 3—31　ZJ50DB 钻机井架工 HSE 检查表

交班人（签字）：　　　　　　　　　　　　　　　　　　　日期：

巡回检查路线：值班房→二层台逃生装置→井控设备→气动绞车→死绳固定器→转盘→防坠落装置→立管、水龙带、水龙头→天车→井架→顶驱→值班房

序号	检查项目（部位）	图示	检查方法	检查项点	检查结果（正常用"√"，存在问题用"×"）
1	值班房		看	①运转保养纪录、岗位交接记录填写齐全、准确	

续表

序号	检查项目（部位）	图示	检查方法	检查项点	检查结果（正常用"√"，存在问题用"×"）
2	二层台逃生装置			①逃生装置的悬挂器、悬挂体、地锚、缓降器、绳卡等连接件螺栓紧固	
3				①两地锚间距≥4m，露出地面不超过0.1m，地锚10m范围内清洁，无易燃、易爆、易腐蚀物品和障碍物，落地处有缓冲保护措施	
4				①上下拉绳、导向绳无断丝、腐蚀、挤压变形；导向绳松紧合适，与井架角度30～70°，不与二层台相摩	
5				①上、下手动控制器灵活，与上下拉绳相连。上手动控制器腰钩在井架逃生门上方1m处时锁紧，下手动控制器拉紧后腰钩距地面1m，插入红色警示牌	
6	井控设备			①全封剪切、半封闸板防喷器是否在开位。环形、双闸板防喷器是否在开位	
7				①封井器采用四角钢丝绳固定牢固，钻进时无晃动，内放喷管线固定牢靠，2号、3号阀门常开	
8				①手动锁紧杆固定可靠，开关操作方便，挂牌齐全	

续表

序号	检查项目（部位）	图示	检查方法	检查项点	检查结果（正常用"√"，存在问题用"×"）
9			👁️✋	①气动绞车四角固定，和井架上滑轮固定可靠；刹车可靠、灵活；刹车毂上无油污，刹带片磨损不超过2mm；护罩齐全紧固，无变形，无漏气	
10	气动绞车		✋👁️	①吊钩采用旋转双向耦合式安全吊钩，性能良好	
11			✋👁️	①保养油质合格，油量充足。②各部销子、安全别针、螺栓齐全、紧固，卫生清洁	
12	死绳固定器		✋👁️	①固定牢靠，挡绳销齐全，死绳压板螺栓、并帽齐全，卫生清洁	
13			✋👁️	①传感器连接无刺漏，防滑绳卡与压板间距离合适（8～12mm），固定牢靠，挡销齐全	

续表

序号	检查项目（部位）	图示	检查方法	检查项点	检查结果（正常用"√"，存在问题用"×"）
14	转盘		👁 👂	①使用灵活，保养油质合格，油量充足。驱动电机运转正常，无异常杂音。链条箱运转正常无异常声音。滚子方补心各滑轮灵活，螺栓紧固	
15			✋👁	①各部销子、安全别针、螺钉齐全、紧固。锁销灵活、可靠	
16	防坠落装置		✋👁	①钢丝绳上下固定牢靠，无损伤，腐蚀现象	
17			✋👁	①抓绳器上行灵活，自锁功能有效	
18	立管、水龙头、水龙带		✋👁	①各部保险绳无断丝、无挤压变形，连接牢固	
19			✋👁	①各部销子、安全别针、螺钉齐全、紧固	

续表

序号	检查项目（部位）	图示	检查方法	检查项点	检查结果（正常用"√"，存在问题用"×"）
20	立管、水龙头、水龙带		👆👁	①水龙带无磨损、刺漏，活接头紧固	
21	天车		👆👁	①天车各固定螺栓牢固。天车护栏固定牢固	
22	天车		👆👁	①各部滑轮运转灵活，无滞后感。各部保养黄油嘴齐全、完好	
23			👆👁	①各部销子、安全别针、螺钉齐全、紧固。防碰胶块固定牢固	
24	井架		👆👁	①销子、安全别针、螺栓等齐全、紧固。保险绳无断丝、无挤压变形，连接牢固	
25			👆👁	①各部滑轮旋转灵活，无滞后感、无严重磨损，保险链完好	

续表

序号	检查项目（部位）	图示	检查方法	检查项点	检查结果（正常用"√"，存在问题用"×"）
26	井架		👆👁	①井架照明完好。 ②笼梯无变形，连接牢靠	
27			👆👁	①钢丝绳排列整齐，无断丝、无挤压变形。各逃生装置完好，固定牢靠	
28	顶驱		👆👁👂	①固定部位牢靠，各部销子、安全别针、螺钉等齐全、紧固 ①顶驱电机运转正常，无异常杂音。 ②轨道固定牢靠，垂直不偏斜	
不符合及整改情况					

接班人（签字）：　　　　日期：　　　　副司钻（签字）：

表 3−32　ZJ50DB 钻机副司钻 HSE 检查表

交班人（签字）：　　　　　　　　　　　　　　　　日期：

巡回检查路线：值班房→钻井液回收管线→循环罐→药品罐→钻井泵→闸门组及高压管线→钻台→远控房→值班房

序号	检查项目（部位）	图示	检查方法	检查项点	检查结果（正常用"√"，存在问题用"×"）
1	值班房		看	①查看 HSE 班前班后会记录，查看设备运转记录、运转情况	
2			看	①井深、钻井液性能，地层	
3	钻井液回收管线		看	①连接法兰处紧固，无泄漏，固定牢靠	
4	循环罐		看、听	①罐内钻井液量充足，搅拌器运转正常，混合漏斗性能良好，固控设备运转正常，循环罐梯子坡度合适，栏杆无缺损，罐面清洁整齐，各罐间连接管线、闸门固定牢固，无泄漏。钻井液槽畅通无积砂，导流挡板齐全	
5			看	①各闸门开关状态正确，符合工艺流程。罐内钻井液性能符合要求，数量充足	
6	药品罐		看	①罐体固定牢固，罐区卫生清洁	

续表

序号	检查项目（部位）	图示	检查方法	检查项点	检查结果（正常用"√"，存在问题用"×"）
7	药品罐		👆👁	①闸门、管线连接牢固，无渗漏	
8	钻井泵		👆👁	①保养用油油质合格，油量充足	
9			👆👁	①各连接螺钉齐全、紧固，不松，不刺钻井液，不漏油	
10			👆👁	①喷淋盒内水量清洁、充足；盘根无漏水	
11			👆👁👂	①泵传动良好，传动皮带松紧合适，无损坏、打滑现象。护罩齐全牢靠	
12			👆👁👂	①喷淋泵内保养合格，启动后无异常杂音	
13			👆👁👂	①钻井泵电机运转正常，无异常杂音。各连接牢固，护罩齐全牢靠	

续表

序号	检查项目（部位）	图示	检查方法	检查项点	检查结果（正常用"√"，存在问题用"×"）
14	钻井泵			①空气包内氮气压力符合要求，安全卸压阀压力设置与缸套一致。安全泄压阀灵敏可靠	
15				①钻井泵启动后上水良好，无杂音。活塞、阀等液力端部件不刺，泵房排水沟畅通	
16				①钻井泵泄压管线连接牢靠，采用 $\phi 12.7mm$ 的钢丝绳为保险绳，每端各有3个与钢丝绳相匹配的绳卡固定牢靠	
17				①灵敏、读数准确无误（停泵后回零），固定牢固，泵房坐岗记录填写及时、准确	
18	闸门组及高压管线			①立管固定牢靠，闸门开关灵活、好用，润滑良好	
19				①活接头连接紧固，不刺不漏	
20				①高压管线保险链固定牢靠	

续表

序号	检查项目（部位）	图示	检查方法	检查项点	检查结果（正常用"√"，存在问题用"×"）
21	钻台			①工具齐全、完好、清洁、润滑良好、摆放整齐	
22	远控房			①远控房卫生干净，远控房气、液压管线连接牢靠，不刺、不漏。各仪表灵敏可靠。液压油箱液面处于正常刻度，油品质量合格。远控房电动泵与空气泵状态良好，各管线无刺漏，单双向开关灵活好用，无刺漏	
23	远控房			①远控房电源为专线。气源压力在 0.65～0.8MPa	
24				①各开关手柄位置符合井控工况要求。油泵电机开关处于自动状态	
25				①储能气压力为 18.5～21MPa；管汇压力为 10.5MPa；环形防喷器的控制压力为 10.5MPa	
不符合及整改情况					

接班人（签字）：　　　　日期：　　　　司钻（签字）：

表 3—33　ZJ50DB 钻机司钻 HSE 检查表

交班人（签字）：　　　　　　　　　　　　　　　　日期：

巡回检查路线：值班房→防碰天车→盘刹系统→活绳头及滚筒→立管压力表→指重表→死绳固定器→液压猫头→司钻房→司控台→顶驱→转盘→值班房

序号	检查项目（部位）	图示	检查方法	检查项点	检查结果（正常用"√"，存在问题用"×"）
1	值班房			①设备运转记录及各项资料报表填写齐全、准确。井深及地层和钻井液性能	
2	防碰天车			①进、放气灵敏，高度合适	
3				①过卷阀动作灵活	
4	盘刹系统			①刹盘无漏油；各工作钳油缸及管线无漏油；刹车块固定完好，厚度≥12mm；油缸弹簧松紧符合要求，刹车块与刹车盘间隙合适	
5	活绳头及滚筒			①滚筒大绳排列整齐，无挤压变形，无规律分布在6倍钢丝绳直径的长度范围内，可见断丝总数不超过钢丝绳钢丝总数的5%，局部可见聚集断丝不超过3根	
6				①活绳头加压板螺钉紧固	

续表

序号	检查项目（部位）	图示	检查方法	检查项点	检查结果（正常用"√"，存在问题用"×"）
7	立管压力表		👁	①固定牢固。指示压力准确、灵敏好用，冬季不冻	
8	指重表		👁	①指重表与记录仪读数一致，灵敏准确，空悬重对准15t	
9	死绳固定器		👁	①各螺钉、安全销子紧固、齐全，钢丝绳排列整齐	
10			👁	①传感器胶囊及管线不漏油，卫生清洁	
11	液压猫头		👁	①液压猫头润滑良好，黄油嘴齐全，无漏油，固定牢靠，钢丝绳局部断丝不超过3丝，两端3个绳卡子卡牢，不用时收回，钢丝绳无打扭，操作箱控制灵活可靠	
12	司钻房		👁	①各气开关调压阀固定牢靠，灵敏好用，各调速手柄灵活好用	
13			👁	①机油压力表灵敏有效；绞车油压 0.2～0.6MPa；减速箱油压 0.07～0.4MPa；转盘油压 0.25～0.35MPa；气压表灵敏有效（0.6～0.8MPa）	

续表

序号	检查项目（部位）	图示	检查方法	检查项点	检查结果（正常用"√"，存在问题用"×"）
14				①各种仪表、连接油管线正确，无漏油	
15				①刹把使用灵活，刹车可靠，工作压力在正常范围内，刹把控制源不漏油	
16				①仪表显示器工作正常，无故障报警，各参数仪表读数准确，报警系统工作正常	
17	司钻房			①顶驱控制系统柜工作正常，固定牢靠（配备检查）	
18				①顶驱控制系统各参数仪表读数准确，各按钮灵活、好用，顶驱工作正常（配备检查）	
19				①监视系统清晰，灵活好用	
20				①麦克风好用，无杂音	

续表

序号	检查项目（部位）	图示	检查方法	检查项点	检查结果（正常用"√"，存在问题用"×"）
21	司控台		手/眼	①司控台、液控箱卫生干净，固定牢靠	
22			眼/手/耳	①司控台气管线无漏气	
23			眼	①全封剪切闸板、半封闸板防喷器、环形防喷器、双闸板防喷器等处于开位	
24			眼	①储能气压力为18.5~21MPa；管汇压力为10.5MPa；环形防喷器的控制压力为10.5MPa；气源压力在0.6~0.8MPa之间	
25	顶驱		手/眼	①顶驱运转正常，背钳工作可靠，各保养点维护保养到位，压力符合要求，各连接管线无渗油	
26			手/眼	①顶驱轨道连接可靠，各连接销子、安全销子齐全。井架固定部分固定牢靠	
27			手/眼	①顶驱游动电缆、水龙带无磨损，顶驱无异响	

续表

序号	检查项目（部位）	图示	检查方法	检查项点	检查结果（正常用"√"，存在问题用"×"）
28	转盘			①转盘固定螺钉齐全，紧固	
29				①使用灵活，保养油质合格，油量充足	
30				①锁销灵活可靠	
31				①驱动电机运转正常，无异常杂音	
不符合及整改情况					

接班人（签字）：　　　　　日期：　　　　　大班司钻（签字）：

表 3-34　ZJ50DB 钻机柴油机司机 HSE 检查表

交班人（签字）：　　　　　　　　　　　　　　　　　日期：

巡回检查路线：值班房→井场→润滑油区→油罐区→消防设施→机房→气源房→VFD 房→接地装置→值班房

序号	检查项目（部位）	图示	检查方法	检查项点	检查结果（正常用"√"，存在问题用"×"）
1	值班房			①交接班记录、报表填写齐全、准确；了解工程参数，配合钻台，不超速运转	
2	井场			①各区域照明设施完好、齐全，照明正常	
3	润滑油区			①物件摆放整齐，卫生状况良好，设备设施无缺失。润滑油区分类摆放。机油CI-4（　）桶，柴油机油CD（　）桶，齿轮油（　）桶，抗磨液压油（　）桶，废油（　）桶，空桶（　）桶，其他油类：合计（　）桶	
4	油罐区			①流量计、输油泵及电动机运转正常，机油强制过滤器良好	
5				①燃油储备充足，管线及闸门无渗漏。油罐区照明设施完好	
6	消防设施			①各类灭火器数量齐全，压力合格，消防斧2把、消防钩2把、消防锹6把、消防桶8只、消防毡10条、ϕ19mm直流水枪2只、水罐与消防泵连接管线及快速接头1个、专用消防水龙带100m	

续表

序号	检查项目（部位）	图示	检查方法	检查项点	检查结果（正常用"√"，存在问题用"×"）
7	消防设施		👆👁	①灭火器齐全、清洁，压力正常，保养牌填写正常，消防砂符合标准	
8	机房		👆👁	①柴油机冷却液（防冻液）在绿灯指示区域以内，防冻液清洁，无油污，各管线接头牢固，不渗水，房内卫生清洁	
9			👆👁	①机油压力表、机油温度表、水温表、转速表灵敏、准确，报警装置工作正常	
10			👆👁	①气启动装置完好，工作正常	
11			👆👁	①机房绝缘橡胶完好、机房照明设施完好	
12			👆👁👂	①油冷器、中冷器散热良好；增压器工作良好，无异响；进气管线连接处不漏气；防爆装置完好，位置正确	
13			👆👁👂	①飞轮不摆动，轴向窜动不超过标准，飞轮护罩完整，各部连接螺钉紧固	

续表

序号	检查项目（部位）	图示	检查方法	检查项点	检查结果（正常用"√"，存在问题用"×"）
14	机房		看/摸/听	①三滤（空气滤清器、机油滤清器、柴油滤清器）完好，无损坏；机油、柴油不渗漏	
15			摸/看	①机座固定螺钉及压板齐全、紧固	
16			看	①曲轴箱内润滑油位及油质符合要求	
17			看	①风扇传动轴轴承润滑良好，不发烧，皮带松紧度合适	
18			看	①铺台、油罐梯子、栏杆齐全，固定牢靠；打油发动机、管线正常，无泄漏；安全通道畅通；排气管固定螺栓齐全、紧固，冷却装置正常	
19	气源房		看	①寿力压缩机油面、油质符合要求，空气滤子过滤良好，散热箱散热效果好，各指示灯正常，排污灵活	
20			看/听	①干燥塔运转正常，固定牢靠，各仪表灵敏、准确。自动放水装置工作正常	

续表

序号	检查项目（部位）	图示	检查方法	检查项点	检查结果（正常用"√"，存在问题用"×"）
21	气源房		👆👁	①气瓶压力正常，保险阀灵敏、可靠。各阀门灵活、好用。油罐加热棒工作正常	
22	VFD 房		👆👁	① VFD 房温度、电压、电流、频率正常，房内卫生清洁	
23	接地装置		👁	①接地线连接紧固，无松动	
24			👁	①接地桩浇洒盐水	
不符合及整改情况					

接班人（签字）：　　　　日期：　　　　司机长（签字）：

表 3-35 ZJ50DB 钻机大班司钻 HSE 检查表

交班人（签字）：　　　　　　　　　　　　　　　　　日期：

巡回检查路线：值班房→钻台→绞车→循环罐及净化设备→钻井泵→井控设施→消防设施→材料房→值班房

序号	检查项目（部位）	图示	检查方法	检查项点	检查结果（正常用"√"，存在问题用"×"）
1	值班房		看	①各种资料报表（工程班报、井控坐岗记录、交接班记录、作业前检查表、钻具记录、设备运转记录、钻井液测试处理记录、HSE 安全讲话记录等要求填写齐全，准确	
2	钻台		看	①死绳固定器螺钉紧固，挡销齐全，钢丝绳排列整齐。安全绳绳卡数量足够、紧固	
3			看	①指重表指示压力准确，灵敏好用，冬季不冻，指重表、灵敏表与记录仪读数一致，灵敏准确	
4			看	①传压器接头无渗漏，间隙在 8～10mm，符合要求	
5			看	①防喷天车系统（插拔式、过卷阀、高度仪）安全灵敏可靠	
6			听	①转盘导气龙头、继气器及气管线不漏气，气胎离合器、放气阀灵敏，可靠	

续表

序号	检查项目（部位）	图示	检查方法	检查项点	检查结果（正常用"√"，存在问题用"×"）
7	钻台		👆👁	①能耗制动、液压盘刹工作可靠，驻车、紧急制动性能良好，安全可靠	
8			👆👁	①各显示器工正常，数据齐全准确，触摸灵敏，切换灵敏；话筒、工业监视器正常	
9			👆👁	①指重表、泵压表、转速表、扭矩表、冲数等各种仪表灵敏可靠，无报警	
10			👆👁	①电压、电流、频率符合设备要求，各调速手轮灵敏好用，各开关灵敏可靠，固定牢靠	
11			👆👂	①顶驱运转正常，背钳工作可靠，各保养点维护保养到位，压力符合要求，各连接管线无渗油	
12	绞车		👆👁	①液压盘刹摩擦片无偏磨及损坏，无缺失，刹车毂完好，无油污	
13			👆👁	①盘刹刹车块磨损厚度不超过12mm，安全钳与工作钳工作状况良好。工作压力符合规定要求。安全钳与盘刹之间间隙大于1mm时应调整，保证摩擦毂与摩擦片之间的间隙为0.5mm	

续表

序号	检查项目（部位）	图示	检查方法	检查项点	检查结果（正常用"√"，存在问题用"×"）
14	绞车		手、眼	①钢丝绳排列整齐，性能好，润滑好，磨损不超过安全规定要求	
15			手、眼	①大钩提起后，吊环挂吊卡，钢丝绳在滚桶上应缠满两层	
16			手、眼	①大绳排列整齐，无乱绳、夹绳现象，排绳器固定牢靠，工作状况良好	
17			手、眼	①活绳头用板固定良好。安全绳绳卡数量够，紧固	
18			手、眼	①电机、联轴器固定牢靠，电机运转正常，电机锁紧装置正常	
19	循环罐及净化设备		眼、手、耳	①振动筛、除泥器、除砂器、离心机、除气器、砂泵等运转正常，工作状况良好，维护保养到位；液位监控设施工作正常	
20			眼	①循环罐盖板齐全，罐面无坑洞	

续表

序号	检查项目（部位）	图示	检查方法	检查项点	检查结果（正常用"√"，存在问题用"×"）
21	循环罐及净化设备			①剪切泵、射流漏斗、配浆漏斗及循环罐各闸门工作状况良好	
22	钻井泵			①设备运转正常，润滑良好，动力端声音正常，润滑油液面在刻度要求的范围以内，性能良好，液力端冷却良好，无刺漏现象，冷却水干净、量足	
23	钻井泵			①安全泄压阀工作可靠，剪切销安装位置的压力等级与缸套额定压力相匹配，保险压力符合要求，剪切销无变形	
24	钻井泵			①空气包压力表工作正常，压力符合要求；泵房坐岗记录填写及时、准确	
25	钻井泵			①钻井泵压力表灵敏可靠，泄压管线、高压管汇固定良好，无刺漏现象	
26	井控设施			①液压防喷器、钻井四通、节流、压井管汇各闸门工况位置合理	
27	井控设施			①远控台电动泵与空气泵工作状况良好，各管线无刺漏，单、双向气开关灵活好用，不漏气	

续表

序号	检查项目（部位）	图示	检查方法	检查项点	检查结果（正常用"√"，存在问题用"×"）
28	井控设施		👆👁	①储能器压力和管汇压力符合要求，高压管线不刺不漏。远控台压力在要求范围内，自动打压功能良好	
29	井控设施		👁	①气压表压力显示符合标准要求，指针灵活，显示数据准确	
30			👁	①油箱油量充足及质量符合要求	
31	消防设施		👁	①消防泵油量充足，启动状况好。消防设施齐全，摆放到位，数量齐全，状况良好	
32	材料房		👁	①检查常用配件的备用数量，及时向副队长提供材料计划	

不符合及整改情况

接班人（签字）：　　　　日期：　　　　值班干部（签字）：

表 3—36　ZJ50DB 钻机机械工长 HSE 检查表

交班人（签字）：					日期：	

巡回检查路线：值班房→材料房→钳工房→氧气乙炔房→循环罐→钻井泵→绞车→钻台→顶驱→司控房→值班房

序号	检查项目（部位）	图示	检查方法	检查项点	检查结果（正常用"√"，存在问题用"×"）
1	值班房			①机械设备运转记录、交接班记录填写齐全、准确	
2	材料房			①配件储备充足，摆放整齐，挂牌归类	
3	钳工房			①工具、设备摆放整齐，线路规范；钻床、砂轮机护罩完好；房内无易燃物，卫生清洁	
4	钳工房			①控制开关、线路连接绝缘可靠；焊钳、防雨罩完好；焊条数量足、型号合适；面罩完好；电焊机接地良好	
5	氧气乙炔房			①氧气、乙炔库存量满足施工要求，氧气瓶、乙炔瓶隔离存放	
6	循环罐			①振动筛、除泥器、除砂器、离心机、除气器、砂泵等运转正常，工作状况良好，维护保养到位	

续表

序号	检查项目（部位）	图示	检查方法	检查项点	检查结果（正常用"√"，存在问题用"×"）
7	钻井泵		看/摸/听	①钻井泵运转正常，润滑良好，紧固牢靠；安全剪切阀剪切销安装位置符合要求；高低压管汇固定牢固，阀门灵活；工具、配件保管规范	
8			摸/看	①空气包压力表灵敏可靠，工作压力符合标准要求	
9	绞车		摸/看	①排绳器固定牢靠，润滑良好	
10			看/摸/扳	①盘刹无漏油；各工作钳油缸及管线无漏油；刹车块固定完好，厚度≥12mm；油缸弹簧松紧符合要求，刹车块与刹车盘间隙合适	
11			摸/看	①绞车紧固牢靠，润滑良好，活绳头无松动	
12			摸/看	①过圈阀防碰天车灵敏可靠	
13	钻台		摸/看	①转盘惯刹离合器	

续表

序号	检查项目（部位）	图示	检查方法	检查项点	检查结果（正常用"√"，存在问题用"×"）
14	钻台		看	①防碰天车工作正常	
15			看	①气动绞车、液压猫头、钻杆动力钳、死绳固定器工作状态正常	
16	顶驱		看	①顶驱运转正常，背钳工作可靠，各保养点维护保养到位，阀门工作可靠，压力符合要求，各连接管线无渗漏（有顶驱检查）	
17	司控房		看	①手动刹车阀、紧急刹车、各压力表、操作台各阀件灵活可靠，管线无刺漏	
不符合及整改情况					

接班人（签字）：　　　　　日期：　　　　　值班干部（签字）：

表 3—37 ZJ50DB 钻机司机长 HSE 检查表

交班人（签字）：					日期：	
巡回检查路线：值班房→油料房→材料房→油罐区→机房→气源房→消防设施→值班房						
序号	检查项目（部位）	图示	检查方法	检查项点		检查结果（正常用"√"，存在问题用"×"）
1	值班房		👆👁	①设备运转保养记录、交接班记录齐全、准确、清洁		
2	油料房		👁	①物件摆放整齐，卫生状况良好，润滑油桶分类摆放		
3	材料房		👆👁	①房内卫生清洁，配件储备充足，摆放整齐，挂牌归类		
4	油罐区		👆👁👂	①柴油储量充足，输油泵运转正常，强化过滤器正常，罐区卫生清洁。计量设备正常		
5			👆👁	①溢流堤规范符合要求，无跑、冒、滴、漏现象		
6	机房		👆👁	①机油压力表、机油温度表、水温表、转速表灵敏、准确		

续表

序号	检查项目（部位）	图示	检查方法	检查项点	检查结果（正常用"√"，存在问题用"×"）
7	机房		看、摸、听	①柴油机运转正常，机体各部件无松动；油水无变质，工作温度正常；发电机电瓶电量足，连线紧固	
8			摸、看	①柴油机冷却液（防冻液）在绿灯指示区域以内，防冻液清洁，无油污，各管线接头牢固，不渗水，房内卫生清洁	
9			摸、看	①三滤（空气滤清器、机油滤清器、柴油滤清器）完好无损，干净无堵塞；供气系统各连接管道密封，不漏气，供气不短路；机油、柴油不渗漏	
10			摸、看	①油冷器、中冷器散热良好；增压器工作良好无异响；进气管线连接处不漏气；防爆装置完好，位置正确	
11			摸、看	①飞轮不摆动，轴向窜动不超过标准，飞轮护罩完整，各部连接螺钉紧固	
12			摸、看	①风扇传动轴轴承润滑良好，不发烧，皮带松紧度合适	
13			看	消音灭火装置齐全，安装规范	

续表

序号	检查项目（部位）	图示	检查方法	检查项点	检查结果（正常用"√"，存在问题用"×"）
14	气源房			①寿力压缩机油面、油质符合要求，空气滤子过滤良好，散热箱散热效果好，各指示灯正常	
15				①干燥塔运转正常，固定牢靠，各仪表灵敏、准确	
16				①气瓶压力正常，保险阀灵敏、可靠。各阀门灵活、好用	
17				①各阀门完好，灵活好用	
18	消防设施			①灭火器数量齐全、清洁，压力正常，保养牌填写正常，消防砂符合标准；消防泵保养，工况良好	
不符合及整改情况					

接班人（签字）：　　　　　日期：　　　　　值班干部（签字）：

表 3-38 ZJ50DB 钻机钻井液工 HSE 检查表

交班人（签字）： 　　　　　　　　　　　　　　　　　　日期：

巡回检查路线：值班房→生产水罐→固控设备→循环罐→井控工作→配浆设备→地面沉砂池→化工材料→钻井液材料房→值班房

序号	检查项目（部位）	图示	检查方法	检查项点	检查结果（正常用"√"，存在问题用"×"）
1	值班房		👁	①了解井深、地层和技术措施，明确钻井液性能的要求	
2	值班房		👁	①钻井液测量仪器（钻井液密度计、马氏漏斗黏度计、六速旋转黏度计、中压滤失仪、浮筒切力计、含砂测量仪）卫生清洁，仪器准确，测量数据记录齐全	
3			👁	①钻井液班报表记录填写齐全、准确	
4	生产水罐		👁	①各连接管线无泄漏，水泵运转正常，电路完好，排水沟畅通，无积水，生产水储备量足	
5	固控设备		👁👂	①振动筛运转正常，无杂音。观察岩屑，了解地层，筛布符合要求	
6			👁👂	①一体机压力正常，旋流筒无堵塞，无杂音	

续表

序号	检查项目（部位）	图示	检查方法	检查项点	检查结果（正常用"√"，存在问题用"×"）
7	固控设备			①离心机工作电流正常，无杂音	
8	循环罐			①钻井液槽畅通，砂子干净，钻井液不漏、不外溢，防渗布完好，导流插板齐全	
9				①循环罐梯子坡度合适，栏杆齐全，罐面无损坏、无坑洞	
10				①循环罐上各闸门完好，开关灵活，接地线符合标准	
11				①循环罐内钻井液数量充足，性能符合设计标准	
12				①循环罐内无杂物，罐与罐之间的连接良好，不漏钻井液	
13				①循环罐上搅拌器运转正常，润滑良好，固定牢靠，无杂音	

续表

序号	检查项目（部位）	图示	检查方法	检查项点	检查结果（正常用"√"，存在问题用"×"）
14	循环罐		👁✋👂	①排污泵安装规范，电缆绝缘良好，运转正常，无杂音	
15	井控工作		✋👁	①钻井液性能满足当前地层设计要求，坐岗记录、灌浆记录填写真实、认真，仪器使用良好	
16			✋👁	①加重浆单独储存，数量足够	
17	配浆设备		✋👁	①电动混浆漏斗、射流漏斗管线齐全，按钮好用，安装规范，闸门灵活好用，喷嘴畅通，化工料储备符合设计要求，下铺上盖，保管完好	
18			✋👁👂	①电机运转正常，无杂音，闸门活动灵活，漏斗滤网齐全，洗眼台工作正常，水源干净	
19	地面沉砂池		👁	①沉砂池防渗布铺设符合要求，无破损，沉砂池岩屑干燥	
20	化工材料		✋👁	①加重材料、堵漏材料数量和质量符合井控要求，下垫上盖，摆放整齐，标识清楚	

续表

序号	检查项目（部位）	图示	检查方法	检查项点	检查结果（正常用"√"，存在问题用"×"）
21	钻井液材料房		👁	各种药品储备齐全，摆放整齐，有标识牌，卫生清洁，出入库登记准确	
不符合及整改情况					

接班人（签字）：　　　　日期：　　　　值班干部（签字）：

表 3-39　ZJ50DB 钻机电气工程师 HSE 检查表

交班人（签字）：　　　　　　　　　　　　　　日期：

巡回检查路线：值班房→材料房→发电房→VFD 房→顶驱控制房→场地→气源房→变频电机→司控房→工业监控→消防设施→接地装置→值班房

序号	检查项目（部位）	图示	检查方法	检查项点	检查结果（正常用"√"，存在问题用"×"）
1	值班房		👁	① HSE 班前班后会记录、电器岗交接班记录、HSE 检查记录等填写齐全、准确。交接班记录、报表填写齐全	
2			👁	① 了解工程地质预告所钻井下情况，合理分配电器功率，不超负荷运转	
3	材料房		👁	① 检查电器易损配件储备量库存情况	

续表

序号	检查项目（部位）	图示	检查方法	检查项点	检查结果（正常用"√"，存在问题用"×"）
4	发电房			①发电机供电系统良好，发电机温度正常	
5				①线头接触紧固无松动，房内地板绝缘橡胶无腐蚀、老化、损坏	
6				①并机柜各指示灯正常，发电机功率、电压、电流参数正常，配载均衡，无过载现象	
7				①发电房与电控房连接线两个接线盒放雨水设施	
8				①变频器参数正常。各仪器显示灵敏，准确	
9	VFD房			①电器设施供电正常，无过流现象	
10				①空调运转正常，房内保持干燥，温度保持在23～25℃	

续表

序号	检查项目（部位）	图示	检查方法	检查项点	检查结果（正常用"√"，存在问题用"×"）
11	VFD 房			①房内清洁，无灰尘，房内地板绝缘橡胶无腐蚀、老化、损坏	
12				①各供电单元工作正常，参数在正常范围以内，无过流、过压现象	
13	顶驱控制房			①空调运转正常，房内保持干燥，温度保持在 23～25℃	
14				①房内清洁，无灰尘，房内地板绝缘橡胶无腐蚀、老化、损坏	
15				①井场所有电动机运转正常	
16	场地			①井场所有照明设施齐全完好	
17				①电缆摆放整齐，无打结、无磨损、无油污、无挤压变形及绝缘橡胶老化	

续表

序号	检查项目（部位）	图示	检查方法	检查项点	检查结果（正常用"√"，存在问题用"×"）
18	气源房			①寿立压缩机电动机运转正常，电机控制系统灵敏可靠	
19				①干燥塔运转正常	
20	变频电机			①固定牢靠，运转平稳，温度正常，风机运转正常，接线无磨损、松动	
21				①紧急停车按钮灵敏	
22	司控房			①各仪表参数正常，指示灯完好，手轮灵活	
23	工业监控			①工业监控显示清晰，角度合适	
24	消防设施			①灭火器齐全、清洁，压力正常，消防砂符合标准	

续表

序号	检查项目（部位）	图示	检查方法	检查项点	检查结果（正常用"√"，存在问题用"×"）
25	接地装置		👆👁	①接地线连接紧固无松动	
26			👁	①接地桩浇洒盐水	
不符合及整改情况					

接班人（签字）：　　　　　日期：　　　　　值班干部（签字）：

表 3-40　ZJ50DB 钻机值班干部 HSE 检查表

交班人（签字）：				日期：	

巡回检查路线：值班室→井场→远控房→节流压井管汇→封井器→钻台上下→动力、电控系统→固控循环系统→化工区域、岩屑池→地质值班房→钻井液值班房→值班室

序号	检查项目（部位）	图示	检查方法	检查项点	检查结果（正常用"√"，存在问题用"×"）
1	值班房		👆👁	①各种资料填写齐全，摆放规范	
2	井场		👁	①井场钻具摆放规范，安全隔离，各风向标完好，岩屑池砂样干燥及各区域土工膜完好	

续表

序号	检查项目（部位）	图示	检查方法	检查项点	检查结果（正常用"√"，存在问题用"×"）
3	远控房		👆👁	①各手柄与实际开关状态一致，各种压力正常。液压油位处于正常位置。电泵及气动泵工作良好，各管线连接部位无泄漏	
4	节流压井管汇		👆👁	①各阀门处于正常开启位置，液控箱连接可靠，无泄漏	
5			👆👁	①各压力表量程准确，显示正常、完好，压井管汇安全链连接牢靠	
6	封井器		👆👁	①各阀门处于正常开启位置，液压管线连接可靠，无泄漏	
7			👆👁	①封井器活塞杆处于正常位置。全封剪切闸板、半封闸板防喷器、环形防喷器、双闸板防喷器处于开位，挂牌清晰	
8	钻台上下		👆👁	①司控台各仪表压力显示正常。各操作手柄处于正常位置。各种管线连接牢靠。液控箱卫生干净，固定牢靠	
9			👆👁👂	①液控箱气、液管线连接牢靠，无漏气、无漏油	

续表

序号	检查项目（部位）	图示	检查方法	检查项点	检查结果（正常用"√"，存在问题用"×"）
10				①气动节流控制箱的阀位开度3/8～1/2；气源压力0.65～1.30MPa，油压2～3MPa	
11				①液控箱液压油足够，无漏油	
12	钻台上下			①刹车系统、防碰天车、液压泵站工作正常；死绳固定良好	
13				①井架底座销子、安全销子及别针齐全；挡泥伞完好	
14				①顶驱运转正常，背钳工作可靠，轨道固定与连接良好，各保养点维护保养到位；阀门工作可靠，压力符合要求，各连接管线无渗漏（安装顶驱的检查）	
15	动力、电控系统			①VFD房各控制柜工作正常	
16				①发电机工作正常。应急发电机处于待命工况	

续表

序号	检查项目（部位）	图示	检查方法	检查项点	检查结果（正常用"√"，存在问题用"×"）
17	动力、电控系统			①柴油储备充足	
18				①高压闸门开启到位；各个闸门灵活，工作可靠	
19	固控循环系统			①钻井泵工作正常；安全销子所承受压力小于缸套额定工作压力；高低压管汇固定牢靠；工具箱工具、配件齐全	
20				①振动筛、除气器、气液分离器、一体机、离心机、加重漏斗等固控设备工作正常	
21	化工区域、岩屑池			①化工材料标识齐全，上盖下铺。加重材料和堵漏材料储备充足	
22				①岩屑池堆放岩屑干燥，无积水，土工膜无破损	
23	地质值班房			①具体地层情况、地层压力正常，是否有复杂地层、目前所处层位及特点、油、气测值是否正常、是否含 H_2S	

续表

序号	检查项目（部位）	图示	检查方法	检查项点	检查结果（正常用"√"，存在问题用"×"）
24	钻井液值班房			①钻井液性能正常：密度＝　　g/cm^3；黏度＝　　s；pH＝	
不符合及整改情况					

接班人（签字）：　　　　　日期：　　　　　监督员（签字）：

第二节　岗位周 HSE 检查表

  钻井队应成立专门的检查小组负责周 HSE 检查工作的落实，组长应由队长担任，成员应包括副队长、技术员、生产骨干等。周检查突出关键设备设施、要害部位、营地管理、电器设备、用电线路及设备接地等。检查结果应由专人保存，并在每周的 HSE 例会上分析、通报，分析结果应上报所属项目部（分公司）。周检查包括井架检查、绞车检查、循环系统（泵房）检查等 11 项内容，检查时间从所钻井开钻之日开始，检查周期为 7d，若建井周期小于 7d，每口井检查一次。岗位周安全检查表见表 3-41 至表 3-51。

表 3-41　井架 HSE 检查表（机械工长）

序号	检查项目（部位）	图示	检查方法	检查项点
1	井架通道		👁	①防跌落装置完好
2			👁	②井架梯完好（没有弯曲的梯级，没有裂开的焊缝，没有丢失螺栓）
3			👁	③笼梯完好
4	照明		👁	①井架上所有照明正常，装有安全绳
5			👁	②井架上所有照明防爆
6	二层台		👁	①二层台卫生清洁
7			👁	②通往二层台的安全通道防坠落装置正常

续表

序号	检查项目（部位）	图示	检查方法	检查项点
8	二层台		👁	③栏杆和边缘板完好
9			👁	④指梁处于良好工况（不弯曲，没有裂纹），尾端有保险绳
10			👁	⑤二层台的操作台安全绳完好
11			👁	⑥二层台的操作台水平
12			👉	⑦速差器使用正常
13			👁	⑧气动绞车、液气大钳钢丝绳与支梁无摩擦
14			👉	⑨二层台逃生装置完好

续表

序号	检查项目（部位）	图示	检查方法	检查项点
15	二层台		👁	⑩二层台监控器工作正常，固定牢靠
16			👉	⑪手工具保险绳牢靠
17			👁	①气动绞车、液气大钳滑轮保险绳牢靠
18			👉	②天车滑轮、气动绞车、液气大钳滑轮润滑良好，转动灵活
19	天车		👁	③天车台下面有防碰木，防碰木配有筛网
20			👁	④大绳与井架无摩擦
21			👁	⑤天车滑轮挡绳杆或护罩完好

续表

序号	检查项目（部位）	图示	检查方法	检查项点
22	天车			⑥栏杆和边缘板完好
23	一般区域			①排绳器及两边的U形卡子、销子状况良好，无松动
24	一般区域			②井架销子上的安全别针齐全
25	一般区域			③吊钳绳完好，平衡铊灵活好用
26	一般区域			④吊钳滑轮润滑良好，转动灵活
27	一般区域			⑤水龙带两端保险绳连接可靠
28	一般区域			⑥立管固定卡子紧固

续表

序号	检查项目（部位）	图示	检查方法	检查项点
29	一般区域			⑦死绳固定器、挡绳销子固定齐全紧固
30				⑧死绳固定器的压板上是否装有铜垫片，压板上的螺栓固定牢靠
31				⑨两套井架工安全带完好

表3-42 绞车HSE检查表（机械工长）

序号	检查项目（部位）	图示	检查方法	检查项点
1	辅助刹车			①牙嵌摘挂灵活，拨叉挡圈润滑好用，防脱开装置完好。 ②电磁刹车：用电线路、控制开关连接固定牢靠、无破损，硅整流工作正常；能耗制动：制动单元运行指示灯正常，制动电阻温度正常。 ③冷却系统运转正常。 ④电磁刹车固定牢靠
2	高、低速及转盘离合器			①各固定螺钉齐全，紧固。 ②导气龙头及管线不漏气，放气阀灵活可靠。 ③离合器摩擦片无偏磨及损坏，高低速离合器摩擦片磨损量＜8mm，摩擦片与摩擦毂间隙≤8mm，摩擦毂磨损量≤10mm
3	活绳端			①压板螺栓及大绳短节绳卡固定牢靠，活绳头余量≥200mm且无退出迹象。

续表

序号	检查项目（部位）	图示	检查方法	检查项点
3	活绳端			②吊环在转盘面时大绳在滚筒上的缠绕≥1.75层。 ③大绳磨损量≤绳径的5%，排绳器固定牢靠，滑轮移动灵活无阻卡
4	刹车系统			机械带刹： ①刹车调节螺母好用不滑扣，刹把刹紧后，并帽距钻机底座间隙3～5mm。 ②刹车气缸进、放气良好，不漏气，固定螺钉齐全、紧固。 ③刹车曲轴灵活，润滑良好。 ④刹车块磨损均匀，剩余厚度≥16mm、刹车毂最大磨损量≤13mm。 ⑤刹车块固定及其他螺钉齐全不松动
5				液压盘刹： ①刹车盘无漏水，表面无油污，双边允许最大磨损量≤10mm（单边磨损量≤5mm）。 ②各工作钳油缸及管线无漏油。 ③刹车块固定完好，无偏磨，剩余厚度＞12mm。 ④油缸弹簧松紧符合要求，工作钳刹车块单边间隙≤1mm。 ⑤工作钳刹车灵活，安全钳单边间隙≤0.5mm
6	防碰天车			①过卷阀固定牢靠，阀杆无变形，活动灵活，长度合适，工作有效，顶杆背帽紧固

续表

序号	检查项目（部位）	图示	检查方法	检查项点
6	防碰天车		👁️✋	②防碰间距调节>4m，拉销插入锁定到位，钢丝绳松紧合适。 ③气源压力 0.65～0.8MPa。 ④刹车气缸进、放气良好，不漏气
7	操作台（司控房）		✋👁️	①各控制开关、旋钮灵活、好用，无漏油、漏气、失灵现象，各仪表显示准确。 ②手动换向阀活动自如，摆角合适，驻车制动、紧急制动灵敏可靠。 ③取暖或制冷设施齐全，工作正常，麦克风通话正常。 ④房体、视窗清洁，雨刮器完好，室内整洁，操作台无杂物，照明正常。 ⑤工业监控设施工作正常，钻井参数仪数据显示准确。 ⑥刹把固定可靠，活动自如，便于操作
8	润滑保养		👁️✋	①绞车各部位固定螺钉齐全、紧固，润滑管线无漏油，旋转部位护罩完好。 ②绞车润滑油液面在最低刻度线以上，无变质；齿轮泵压力 0.15～0.4MPa。 ③各黄油润滑点，油量够，无漏保、超保，轴承温度正常

表 3-43　灭火器 HSE 检查表（司机长）

序号	检查项目（部位）	图示	检查方法	检查项点
1	外观检查			①灭火器有合格证，出厂日期、检测日期在有效期内。②瓶体外观无尘污、损坏，可见防腐层脱落≤1/3。③保险销、铅封完好。④压把良好无破损。⑤喷管连接良好无松动，喷嘴（管）本体无老化、黏连、破损、堵塞。⑥干粉灭火器压力表完好，压力指针指示在绿区
2	重量（二氧化碳）			①电子秤称重量精确到小数点后2位，对照量、缺损量小于原始重量的5%
3	管理卡			①干粉灭火器管理卡打孔月份正确，记录编号和管理人员；二氧化碳灭火器管理卡内容和检查保养记录填写清晰
4	摆放位置			①油罐区摆放MFZ型8kg型干粉灭火器4具；机房配备5kg型二氧化碳灭火器3具，每个发电房、VFD房、MCC房或配电房配备5kg型二氧化碳灭火器1具；每栋野营房配备2具2kg型干粉灭火器；员工食堂操作间和餐厅各配备2具8kg型干粉灭火器；消防器材房摆放MFT35型推车式干粉灭火器4具，8kg型干粉灭火器6具，5kg型二氧化碳灭火器2具
5	摆放环境			①灭火器材放置于通风、干燥、便于取放处，防晒、防雨措施完好，营房或值班房内放置在房内两侧便于取用处。油罐区、机房手提式灭火器摆放在专用箱内，灭火器箱体无破损，箱内、外无尘污、锈蚀、损坏。放置手提式灭火器时其顶部离地面高度≤1.50m，底部离地面高度≥0.08m，底部有防腐蚀措施

表 3-44　循环系统（泵房）HSE 检查表（大班司钻）

序号	检查项目（部位）	图示	检查方法	检查项点
1	钻井泵上水管		👁	①钻井泵上水管线无泄漏
2	钻井泵泄压阀		✋👁	①钻井泵安全阀连接部位无松动及滴漏现象，阀盖无破损，剪切销、剪切板无变形，销孔无变大，根据缸套直径大小对应钻井泵额定工作压力调定剪切销穿孔位置。②每 10d 检查保养一次。③每月解体检查保养一次
3	钻井泵泄压管线		✋👁	①泄压管线采用 ϕ89mm 的无缝钢管，用 ϕ12.7mm 的钢丝绳作保险绳，缠绕安全阀本体和泄压管线后卡牢
4	钻井泵护罩		👁	①旋转部位护罩齐全，固定牢靠
5	钻井泵空气包		👁✋	①钻井泵空气包预充氮气或压缩空气，充气值为工程设计泵压的 1/3～1/4，最高不超过 4.5MPa，压力表压力等级应与之匹配，角阀、压力表灵敏、无破损
6	钻井泵固定		👁✋	①钻井泵固定，无变形、松动

续表

序号	检查项目（部位）	图示	检查方法	检查项点
7	钻井泵中心拉杆			①油封完好，无漏油现象
8	闸门组			①闸门组手柄齐全，无破损，开关灵活，无刺漏现象
9	化工摆放			①化工料下垫上盖，码放高度≤2m。②码垛高宽之比<2。③MSDS提示牌齐全
10	洗眼台			①洗眼器每周更换一次洗眼液，洗眼液不高于2/3，工作正常，无损坏
11	配浆装置			①加料漏斗放置滤网。②配浆漏斗工作正常，保养到位，卫生清洁，无滴漏现象
12	化工区人员防护			①人员保护设备（护目镜、面罩、围裙、胶鞋、手套等）齐全
13	循环罐固控设备			①各固控设备固定牢靠

续表

序号	检查项目（部位）	图示	检查方法	检查项点
13	循环罐固控设备		眼、手	②接线符合防爆要求。 ③接地良好。 ④振动筛筛网无破损，固定紧固。 ⑤搅拌器机油无变质、油量位于观察孔中位
14	循环罐罐面		手、眼	①循环罐罐面无残余钻井液或污泥。 ②罐面通道畅通。 ③罐面开孔处有保护盖层
15	循环罐阀门		手、眼	①所有阀门开关灵活，手柄无损坏。 ②连接处无滴漏现象
16	循环罐坐岗房		眼	①钻具及套管体积系数表和钻井液正常消耗系数表齐全，数据准确
17	循环罐用电线路		眼	①各电源控制开关控制对象标识清楚。 ②各控制开关防雨措施齐全

续表

序号	检查项目（部位）	图示	检查方法	检查项点
18	循环罐照明		👁️✋	照明灯固定牢靠，高度≥2.2m，进线口密封，灯罩固定牢靠
19	循环罐接地		👁️✋	①电器设备接地电阻＜4Ω，其他接地电阻＜10Ω

表3-45　井场环境 HSE 检查表（副队长）

序号	检查项目（部位）	图示	检查方法	检查项点
1	场地区		👁️	①井场周围无废纸、废塑料等垃圾
2			👁️	②废水、废钻井液排放到废水坑

- 310 -

续表

序号	检查项目（部位）	图示	检查方法	检查项点
3			👁	③钻井岩屑排放到钻井液池
4			👁	④餐后废弃物、生活垃圾及时处置
5	场地区		👁	⑤钻井液池、材料堆放地以及钻井设备底部铺设双层土工膜
6			👁	⑥井场四周防洪堤按标准修建完好
7			👁	⑦易燃物归类存放

续表

序号	检查项目（部位）	图示	检查方法	检查项点
8	场地区		👁	⑧非金属归类存放
9	油罐区		👁	①罐体不漏油
10	油罐区		👁	②油罐连接管线不漏油
11	油罐区		👁	③废油料回收，集中存放
12	油罐区		👁	④油罐周围无油、淤泥

续表

序号	检查项目（部位）	图示	检查方法	检查项点
13	钻井液材料		👁	①钻井液材料完好，无受潮、结块和散落。包装袋分类存放、处理
			👁	②液体材料无泄漏

表 3-46 机房 HSE 检查表（柴油机司机长）

序号	检查项目（部位）	图示	检查方法	检查项点
1	机房及底座		👁	①工作台面配置 3 具 5kg 型 CO_2 灭火器，且放置在专用灭火器箱内
2			👁	②机房栏杆定点配置耳塞盒 1 个，内置 5 付耳塞
3			👁	③在机房正前方栏杆上设置 4 块警示牌："当心地滑"、"小心烫伤"、"必须戴耳塞"、"旋转部位严禁长时间停留"

续表

序号	检查项目（部位）	图示	检查方法	检查项点
4	机房及底座			④在栏杆内侧设置司机长（大班司机）、司机属地管理责任牌
5				⑤机房区域栏杆齐全，无变形、损坏，别针穿置齐全
6				⑥上下钻台梯子固定牢靠，坡度适宜
7				⑦机房底座按要求进行了等电位连接
8				⑧机房区域按要求进行了防污染措施，下覆土工膜，对产生的废液、废油及时进行回收处理
9				⑨机房区域设备（底座、柴油机、排气管等）吊点标识规范、正确
10				⑩柴油机固定可靠，压板齐全，螺栓紧固到位

续表

序号	检查项目（部位）	图示	检查方法	检查项点
11			👁👂	⑪柴油机工作状态正常，运行各部件无发热、振动、敲击异响等异常情况。仪器仪表显示正确、灵敏准确，高温循环水温应保持在75～85℃范围内，最高出水温度≤90℃，低温循环水温15～45℃；机油温度≤90℃；主油道机油压力在392～784kPa范围内
12			👁👉	⑫三滤（空气滤清器、机油滤清器、柴油滤清器）完好无损，查阅设备运转记录，每运转250h进行了清洗，每运转500h进行了更换
13	机房及底座		👁	⑬机房区域油、水、气管线完好，布局走向规范，无缠绕、破损，对摩擦部位进行了衬垫防护，油水管线无跑、冒、滴、漏，气管线无漏气
14			👁👉	⑭柴油机与联轴器联接可靠，飞轮、万向轴、风扇等各处护罩齐全、完整
15			👁	⑮油底壳内机油液面保持在油标上下两刻度线之间
16			👁	⑯水箱内冷却液液面保持在规定位置
17			👁	⑰排气管固定可靠，循环冷却水供应正常

续表

序号	检查项目（部位）	图示	检查方法	检查项点
18	机房及底座		👁️👆	⑱ 清洗机放置在机房靠循环罐底座下方，接地规范，符合要求，有短路保护器，并配置备用的橡胶手套1双
19	发电房、VFD（MCC）房及气源房		👁️	①区域按要求进行了防污染措施，下覆土工膜，对产生的废液、废油及时进行回收处理，发电机前设置了废油收集桶
20			👁️	②区域安全通道畅通，门窗能正常开关通风，地面清洁无阻
21			👁️	③房体吊点标识齐全、规范，本体、门窗无变形
22			👁️🔧	④发电房、VFD房等按要求进行了接地，且接地电阻检测合格，阻值≤4Ω
23			👁️	⑤每个发电房、VFD（MCC）房配置1具5kg型CO_2灭火器
24			👁️	⑥气源房内定点放置2具正压呼吸器，正压呼吸器检验合格，卫生清洁，固定规范，气瓶压力在25～28MPa

续表

序号	检查项目（部位）	图示	检查方法	检查项点
25	发电房、VFD（MCC）房及气源房		👁	⑦寿力压缩机、自动压风机处悬挂"危险，该机械能自动启动"
26			👁	⑧干燥塔运转正常，电控、气控阀件灵敏，无气体、液体泄漏；干燥剂合格，无变质、粉碎现象，运行温度正常（85～95℃）
27			👁	⑨气瓶在检测周期内使用，安全阀、压力表工作正常，检验合格
28			👁	⑩自动定时放气装置工作正常
29			👁	⑪VFD（MCC）房设置井场等电位系统线路分布图
30			👁	⑫VFD（MCC）房各开关控制对象标识明确，进出线标注规范
31			👁	⑬VFD房内绝缘橡胶铺设齐全，防尘、防静电措施到位，空调工作正常

续表

序号	检查项目（部位）	图示	检查方法	检查项点
32	发电房、VFD(MCC)房及气源房		👁	⑭ 发电房内部地面绝缘橡胶铺设齐全、规范
33			👁	⑮ 发电机操作面板指示灯、运行灯、发电机指示正常，电压、电流、频率等仪表指示正常
34			👁	⑯ 三滤（空气滤清器、机油滤清器、柴油滤清器）完好无损，查阅设备运转记录，每运转250h进行了清洗，每运转500h进行了更换
35			👁	⑰ 冷却液充足，液面保持在规定位置
36			👁	⑱ 油、水液位正常，无变质
37			👁	⑲ 发电机油底壳废油及时清理

续表

序号	检查项目（部位）	图示	检查方法	检查项点
38	发电房、VFD（MCC）房及气源房			⑳电瓶完好，接线柱无锈蚀，启动电源电压正常（24V）

表 3-47 健康卫生 HSE 检查表（书记）

序号	检查项目（部位）	图示	检查方法	检查项点
1	生活水管理			①供应有充足的冷水和热水，热水温度在 82℃ 或以上
2				②生活水罐加盖上锁，生活用水保持清洁、卫生
3				③所有饮水器每周清洗一次，生活水盛水器具清洁卫生
4	炊事人员管理			①持有效健康证上岗
5				②若染上疾病，如皮肤病、感冒、腹泻或呕吐等，均暂停工作，直至康复为止

续表

序号	检查项目（部位）	图示	检查方法	检查项点
6	炊事人员管理		👁	③均穿着清洁及可清洗的浅色工作服，上班期间不穿戴饰物，如耳环、手表、戒指等，戴上发网或帽子，不穿拖鞋进入操作间
7			👁	④去洗手间后、制作食物之前、接触过生食物后、要处理熟食之前、梳头后、进食、抽烟或擦鼻子后、处理废物后，用清水、肥皂洗手，并以清洁的毛巾擦干净
8	厨房与餐厅管理		👁	①厨房保持整齐清洁，有充足的照明，炊事器具使用正常，清洁卫生，摆放整齐
9			👁	②每天更换蒸车用水，并进行清洗
10			👁	③换气扇、抽油烟机使用正常，每月清洗过滤层
11			👁	④消毒柜使用正常，保持清洁，餐具均完好无损

续表

序号	检查项目（部位）	图示	检查方法	检查项点
12	厨房与餐厅管理		👁	⑤厨房内有洗手盆，并有肥皂供应
13			👁	⑥厨房内水道畅通，无滴漏现象
14			👁	⑦餐厅内桌椅完整无缺，无损坏
15	生活库房管理		👁	①冰柜使用正常，卫生清洁干净，每星期清洗一次
16			👁	②冷冻食物冰格的温度保持在 -18℃
17			👁	③冷冻食材和生、熟肉类分开存放，不能放置已打开的罐头
18			👁	④储存干货区域清洁、整齐
19			👁	⑤蔬菜每回进行检查清理，防止变质腐烂
20			👁	⑥蔬菜与其他干货分开存放

续表

序号	检查项目（部位）	图示	检查方法	检查项点
21	生活库房管理			⑦严禁存放过期食品
22				⑧严禁存放包装损坏或生锈的罐头
23	一般避免食物中毒的措施			①食物使用防蝇防尘罩
24				②抹布保持干净
25				③避免用手直接接触食物
26				④生、熟食物分开存放
27				⑤食物存放在密封的容器内

续表

序号	检查项目（部位）	图示	检查方法	检查项点
28	一般避免食物中毒的措施		👁	⑥食物和用具不放在地上
29			👁	⑦防止肉类解冻时融化的水会接触到其他食物
30			👁	⑧严禁在洗手盆清洗食物，清洗食物的盆不用来洗手
31	营房管理		👁	①营房清洁及有充足的照明
32			👁	②床铺干净无破损
33			👁	③床单、被套每半月清洗、更换一次
34			👁	④营房的门窗、地面、墙壁和天花板没有损坏
35			👁	⑤营房内的床、桌椅、照明灯和储物柜没有损坏

续表

序号	检查项目（部位）	图示	检查方法	检查项点
36	营房管理		👁	⑥每一个营房内均配备烟雾报警器，并灵敏可靠
37	营房管理		👁	⑦每一个营房均配备垃圾桶
38	营房管理		👁	⑧应急照明系统使用正常
39	营房管理		👁	⑨营房个人使用物品，如洗漱用具、鞋帽、书籍等，分类摆放整齐，卫生干净
40	淋浴房		👁	①淋浴房整齐清洁，地板干净，无泥污、无杂物
41	淋浴房		👁	②洗浴设施使用正常，水龙头各连接部位通畅无漏水
42	淋浴房		👁	③出水通道畅通，污水排放符合环保要求
43	淋浴房		👁	④更衣柜门锁完好无损

续表

序号	检查项目（部位）	图示	检查方法	检查项点
44	淋浴房		👁	⑤门窗完好，保持通风
45	厕所		👁	①便池干净，大便池每日掩埋，地板无粪便，无手纸、烟头等杂物
46			👁	②每天打扫一次，保持干净
47			👁	③夏季每周消毒、灭蝇一次
48			👁	④门窗完好，保持通风
49	多功能房		👁	①多功能房整齐清洁，地面无泥污，排水畅通
50			👁	②有充足的冷、热水供应

续表

序号	检查项目（部位）	图示	检查方法	检查项点
51	多功能房		👁	③洗衣机使用正常
52	多功能房		👁	④门窗完好，保持通风
53	多功能房		👁	⑤各类设施使用正常无损坏
54	环境卫生		👁	①营地配备不少于2个垃圾箱，场地无污水、无剩饭、菜汤等垃圾
55	环境卫生		👁	②生活垃圾坑铺设防渗布，垃圾集中处理
56	环境卫生		👁	③营地周围无垃圾

表3—48 电气设备HSE检查表（柴油机司机长）

序号	检查项目（部位）	图示	检查方法	检查项点
1	空开断路器（漏电保护器）		👁	①查外壳无损坏。②各开关灵活。③开关的各按钮位置正确。④负载分配均衡

续表

序号	检查项目（部位）	图示	检查方法	检查项点
2	电热板及控制器		看	①电热板固定稳固，表面无破损，制热正常。②控制器完整，使用良好。③电缆、插头无破损
3	住人房照明灯及烟雾报警器		看	①照明灯固定良好，照明正常。②线路无破损、外露。③烟雾报警器完好，电量充足
4	空调设施		看、听	①固定良好。②制冷正常。③滤网无堵塞。④电路无破损
5	防爆开关		看	①密封、防爆良好，有"EX"防爆标识，无锈蚀现象。②各开关功能正常。③进线、出线密封良好。④开关标识正确、清楚
6	井场防爆灯具		看	①密封、防爆良好。②固定良好。③进线、出线密封良好

续表

序号	检查项目（部位）	图示	检查方法	检查项点
7	应急灯具			①固定良好。 ②外表完整。 ③照明、检测正常
8	防爆电机			①密封、防爆良好，有"EX"防爆标识，无锈蚀现象。 ②固定紧固。 ③进线、出线密封良好。 ④外形完整，卫生良好。 ⑤PE接地线完好且不小于25mm^2。 ⑥一般37kW以下电机，绝缘电阻＞0.5MΩ
9	砂轮机			①固定良好。 ②外表完整，护罩齐全。 ③接地保护线安装完好。 ④运转正常。 ⑤电线、开关无破损
10	切割机			①固定良好。 ②外表完整。 ③接地保护线安装完好。 ④运转正常。 ⑤电线、开关无破损
11	电焊机			①各电路电缆安装良好，无破损。 ②外表完整。 ③接地保护线安装完好。 ④运转正常
12	等离子切割机			①电路电缆安装良好，无破损。 ②外表完整。 ③接地保护线安装完好。 ④运转正常

续表

序号	检查项目（部位）	图示	检查方法	检查项点
13	发电房电控柜		目视	①柜门完整，锁具完好。②各指示灯、旋钮、开关、仪表正常，无破损。③固定紧固
14	电控房电控柜		目视	①门完整，锁具完好。②各指示灯、旋钮、开关、仪表正常，无破损。③内部电气元件完好，卫生清洁。④空调功能正常，除湿、除尘效果好
15	司钻房		目视、手检	①柜门完整，锁具完好。②各指示灯、旋钮、开关、仪表正常，无破损。③内部电气元件完好，卫生清洁
16	工业监控摄像头		目视	①摄像头防爆完好。②固定牢靠。③线路无破损。④有云台的摄像头转动灵活
17	工业监控显示器		目视	①工业监控画面清晰，卫生清洁。②固定牢靠
18	工业监控主机		目视	①密封、防爆良好，有"EX"防爆标识，无锈蚀现象。②固定牢靠。③出线、进线无破损

续表

序号	检查项目（部位）	图示	检查方法	检查项点
19	井场电控柜		眼、手	①密封、防爆良好，有"EX"防爆标识，无锈蚀现象。②各开关功能正常。③进线、出线密封良好。④开关标识正确、清楚。⑤固定牢靠
20	井场防爆插头		眼、手	①密封、防爆良好。②出线、进线无破损。③固定牢靠
21	盘刹、综合液压站启动柜		眼、手	①盘刹、综合液压站启动柜防爆密封良好。②标识准确、统一，各旋钮灵活、好用。③电缆入线密封，无破损、油浸现象
22	固控设备启动控制柜		眼、手	①密封、防爆良好，有"EX"防爆标识，无锈蚀现象。②各开关、仪表功能正常。③进线、出线密封良好。④开关标识正确、清楚。⑤固定牢靠
23	ＶＦＤ、MCC房接线母板各插头		眼、手	①插头密封防爆，固定牢固。②标识准确，卫生清洁，无尘土、油污。③接线柱有绝缘隔离措施
24	电磁刹车		眼、手	①电磁刹车及风冷式电磁刹车的风机接地完好。②电缆及防爆插头完好无破损。③电磁刹车接线箱密封、防爆、紧固，无破损。④绝缘电阻>2MΩ。⑤固定紧固
25	节能发电机		眼、手	①节能发电机固定牢靠。②接线箱入线密封良好，电缆无破损。③进风、出风口无阻塞。④绝缘电阻>0.5MΩ

- 330 -

续表

序号	检查项目（部位）	图示	检查方法	检查项点
26	转盘、绞车、钻井泵电机		👁️ 👆	①电机及风机接地完好，固定紧固。②电机接线箱正压防爆功能完好。③接线箱密封、防爆、紧固，无破损，各接口密封良好，格栅齐全。④风机进气口畅通。⑤绝缘电阻＞5MΩ

表 3—49　营房设施 HSE 检查表（书记）

序号	检查项目（部位）	图示	检查方法	检查项点
1	踏板		👁️	①踏板整体完好，无破损、变形、锈蚀
2	门锁		👆 👁️	①锁芯转动灵活，无卡死现象
3	窗户盖板支撑		👁️	①支撑无弯曲变形，固定牢靠。②支撑自锁有效
4	漏电保护器		👆	①外壳完好。②断电试验灵敏，每周试验一次
5	应急灯		👆	①测试灵敏。②应急照明灯正常工作

续表

序号	检查项目（部位）	图示	检查方法	检查项点
6	烟雾报警器			①报警灵敏。 ②固定牢靠
7	插座			①插座完好，接线牢固。 ②无人时插座不得连接电器设备
8	温控器			①固定牢靠，外罩完好。 ②旋钮齐全
9	电热板			①固定牢靠，外罩完好。 ②接线绝缘良好，配件齐全。3.50cm 范围内无可燃物
10	空调			①采用16A插座插头完好。 ②工作正常，房内无人时停止运行。 ③固定牢靠
11	换气扇			①固定牢靠、无松动。 ②线路连接规范
12	灭火器			①灭火器压力正常，指针指向绿色区域。 ②铅封完好。 ③瓶底、瓶体无锈蚀，放置位置易取用。 ④每周一检查、每月一登记

表 3-50　接地电阻 HSE 检查表（柴油机司机长）

序号	检查项目（部位）	图示	检查方法	检查项点
1	发电房区域接地组			①接地线与接地桩线鼻子连接，螺钉紧固无锈蚀。 ②接地电阻值≤4Ω
2	柴油罐区域重复接地组 循环罐水罐区域重复接地组 油罐防静电接地桩			①接地线与接地桩线鼻子连接，螺钉紧固无锈蚀。 ②接地电阻值≤10Ω
3	发电房 VFD（MCC）房 顶驱电控房 顶驱变压器房 气源房 柴油罐 循环罐 电动钻井泵 生产水罐 材料房 钳工房 司控房 钻台偏方			①接地线与连接点用鼻子连接，螺钉紧固无锈蚀，接地线无断点。 ②连接电阻值≤0.03Ω

续表

序号	检查项目（部位）	图示	检查方法	检查项点
3	液压站 液控房 化验室 住井房 小伙房 定向井房 录井仪器房		👁 🔧	①接地线与连接点用鼻子连接，螺钉紧固无锈蚀，接地线无断点。 ②连接电阻值≤0.03Ω
4	驻地接地组		👁 🔧	①接地线与接地桩线鼻子连接，螺钉紧固无锈蚀，接地线无断点。 ②接地电阻值≤10Ω
5	营区住房 洗漱间 淋浴房 操作间 餐厅 生活水罐 生活库房 配电箱		👁 🔧	①接地线与连接点用线鼻子连接，螺钉紧固无锈蚀。 ②连接电阻值≤0.03Ω

表 3-51　防硫化氢设备 HSE 检查表（副队长）

序号	检查项目（部位）	图示	检查方法	检查项点
1	指示标识		👁	①A、B两个紧急集合点标识醒目。 ②逃生通道畅通

续表

序号	检查项目（部位）	图示	检查方法	检查项点
2			👁	①井场入口处设置 H_2S、CO 警示牌，H_2S、CO 浓度标示正确。 ②绿、黄、红三种粘贴指示牌专人保管
3	指示标识		👁	①钻台、大门口、循环罐、远控房、振动筛处安装风向标，使用正常
4	对讲机		👁	①防爆对讲机有固定频率，频率设置一致，音量正常，电池续航能力完好

续表

序号	检查项目（部位）	图示	检查方法	检查项点
5			👁	①一级风险天然气井应配备 1 套固定式气体检测系统，5 台便携式复合气体监测仪；二级风险天然气井、一级风险油井、二级风险油井中的原始气油比＞100m^3/t 的井应配备 1 套固定式气体检测系统，配备 3 台便携式复合气体监测仪；均在有效期内
6	气体检测仪		👁👂	①固定式气体检测仪探测器壳内无钻井液。②指示灯及显示屏正常。③传感器通气接头干净、通畅，无线探测器电池电量充足；控制器各通道显示、报警正常
7			👁👂	①便携式气体检测仪液晶显示正常（电量、时间、检测气体值）。②传感器通气孔干净、畅通，灯光指示、声光报警正常
8	正压呼吸器		👁👂	①气井配备 10 套正压式空气呼吸器，油井配备 6 套，在检验期内，压力 24～30MPa。②气压低于（5.5±0.5）MPa 时报警
9	充气泵		👆	①充气泵外观完好。②润滑油油面高度介于缸口最大和最小刻度线之间，启动运行正常

续表

序号	检查项目（部位）	图示	检查方法	检查项点
10			👉👁	①应急设备存放区通道畅通，门不得上锁
11	其他		👉👁👂	①手摇报警器有防雨措施。②采用专用支架固定，放置于大门内靠近紧急集合点位置。③声音正常
12			👉👁	①防爆通风设备工作正常。②控制开关标识清楚

第四章

专项 HSE 检查表

第一节　关键设备设施 HSE 检查表

关键设备设施是指因失效可能导致或促使事故发生，造成人员死亡或严重伤害、重大财产损失或重大环境影响的设备设施、系统、工具或零部件。钻井队应将关键设备设施纳入 HSE 关键要害部位管理范畴，明确检查标准，除日常岗位检查外，还应强化可靠性检查，进行重点管理。钻井队关键设备设施主要有安全带、吊卡、吊索具等十种。关键设备设施 HSE 检查表见表 4-1 至表 4-10。

表 4-1　安全带 HSE 检查表

序号	检查项目（部位）	图示	检查方法	检查项点
1	安全带体、安全绳		目视	①无被切割或破裂，无摩擦损坏（特别是有金属件连接部位）。②织带正反两侧无破边、纤维断裂、拉出针线和割裂，缝线完整，无开线，无过度拉伸，无由高温、腐蚀、溶剂引起的损坏及变形
2	自动锁扣		目视	①无变形、无裂纹或由于受热产生的损坏。②扣舌能自由活动，弹簧无断裂、疲劳、易位。③无污物或其他阻碍使用的外来物
3	D-环		目视	①D-环无变形和损坏，无裂纹、磨损、毛糙面或快口现象，锻件搭接完好
4	扣子和调节件		目视	①扳扣完好，无破边、纤维破裂、裂口或烧坏现象

续表

序号	检查项目（部位）	图示	检查方法	检查项点
4	扣子和调节件			②螺纹无磨损、破损

表4-2 吊卡HSE检查表

序号	检查项目（部位）	图示	检查方法	检查项点
1	外观检查			①吊卡本体无裂纹，台阶面磨损深度＜8mm。 ②吊卡各零件齐全，吊卡上下保险销、活门销轴扣合灵活
2	锁闩			①锁闩灵活，扣合完好。 ②闩销插入销孔。 ③锁闩锁紧功能可靠
3	活门			①活门转动灵活。 ②活门手柄齐全
4	活门张角			①侧开式吊卡活门全开时最大张角＜110°

续表

序号	检查项目（部位）	图示	检查方法	检查项点
5	活门销轴			①吊卡活门销轴、孔最大磨损直径应满足下面规定： 吊卡规格：CDZ-150，CDZ-250，CDZ-350 轴最大允许磨损量：0.31mm，0.31mm，0.56mm 孔最大允许磨损量：0.46mm，0.46mm，0.58mm 孔与轴最大允许间隙：0.77mm，0.77mm，1.14mm

表 4-3　吊索具 HSE 检查表

序号	检查项目（部位）	图示	检查方法	检查项点
1	钢丝绳套			①绳体断丝数量≤断丝总数的 4%，或一个捻距内断丝数量≤断丝总数的 6%
2				①压套无碰伤、无砸伤。 ②无锈蚀。 ③无打扭弯折。 ④局部磨损≤公称直径的 5%
3				①钢丝绳插编处无松脱或错动
4				②钢丝绳套进行了颜色标记，集中挂放，标明规格、型号、额定起重量等参数

续表

序号	检查项目（部位）	图示	检查方法	检查项点
4	钢丝绳套		👁	②钢丝绳套进行了颜色标记，集中挂放，标明规格、型号、额定起重量等参数
5	吊带		👁	①织带（含保护套）无严重磨损、穿孔、切口、撕断等现象；承载接缝无绽开、缝线磨断等现象；吊带纤维无软化、老化、弹性变小、强度减弱等现象；纤维表面无粗糙易于剥落现象。吊带表面无过多的点状疏松、腐蚀、酸碱烧损以及热熔化或烧焦现象。带有红色警戒线吊带的警戒线无裸露现象
6			👁	②吊带无结使用
7			👁	③吊带无交叉使用
8			👁	④吊带无扭转使用
9	卸扣		👁	①无明显永久变形或轴销不能转动自如现象。②扣体和轴销任何一处截面磨损量≤原尺寸的10%。卸扣无任何裂纹

续表

序号	检查项目（部位）	图示	检查方法	检查项点
10	卸扣		看	②卸扣螺纹旋入时顺利自如，螺纹能全部拧入螺口内
11	旋转吊钩		看/手	①本体各组件无变形、裂纹，转动灵活
12			看/手	②吊耳上端固紧螺帽无焊接裂纹、螺纹变形、轴承卡死现象
13			看/手	③吊钩锁舌功能正常

表4-4 顶驱HSE检查表

序号	检查项目（部位）	图示	检查方法	检查项点
1	顶驱电机总成		看/手	①螺栓，开口销齐全紧固。 ②安全锁线安全可靠

续表

序号	检查项目（部位）	图示	检查方法	检查项点
2	电机润滑油泵总成		👁	周检查：①螺栓、螺母、安全锁线、开口销等齐全紧固。 年检查：②电机磨损情况
3	风机总成		👁	周检查： ①螺栓的松动或缺失；风压，进风口散热器、刹车清洁情况；电机的破损及磨损情况
4	内防喷器		👁	日检查： ①操作确认。 周检查： ①扳动力矩、密封情况等。 ②驱动装置滚轮磨损情况
5	冲管总成		👁	日检查： ①检查密封性是否良好

续表

序号	检查项目（部位）	图示	检查方法	检查项点
6	滑车与导轨		👁	日检查： ①导轨销轴、锁销齐全紧固可靠。 周检查： ②连接件、锁销齐全。 年检查： ③探伤完好
7	液压系统（电磁阀）		👁	日检查： ①电磁阀防爆性能安全可靠，阀门灵活
8	液压油		👁	日检查： ①液位高于刻度线，油品清洁。 季度检查： ②油品清洁
9	液压管线		👁	日检查： ①检查液压系统管线有无泄漏。 ②检查液压管线的表面有无磨损。 ③检查胶管接头有无起泡
10	齿轮箱和齿轮油		👁	日检查： ①空气滤清器有无损坏。 ②液位高于刻度线。 季度检查： ②油品清洁

续表

序号	检查项目（部位）	图示	检查方法	检查项点
11	电缆		👁	日检查： ①电缆有无损坏、磨损
12	电缆插头		👁👆	日检查： ①有无破损，松动情况
13	反扭矩梁		👁	日检查： ①螺栓紧固、别针齐全
14	油缸连接处		👁	日检查： ①连接紧固无松动，别针齐全。 ②油缸无弯曲
15	吊环连接体		👁👆	日检查： ①螺栓紧固无松动，别针齐全
16	喇叭口和扶正套		👁	周检查： ①螺栓紧固无松动

续表

序号	检查项目（部位）	图示	检查方法	检查项点
17	防松装置			周检查： ①螺栓紧固、安全锁线齐全
18	滑车滚轮			周检查： ①转动灵活
19	主电机出风口			周检查： ①百叶窗与防护网无破损、堵塞
20	挡泥环密封件			月检查： ①密封性能良好。 ②螺栓紧固、安全锁线齐全
21	倾斜机构油缸销			月检查： ①销轴无磨损，连接紧固可靠，别针齐全
22	鹅颈管			月检查： ①检查鹅颈管表面无凹陷。 ②活接头无松动。 ③无刺漏现象

续表

序号	检查项目（部位）	图示	检查方法	检查项点
23	背钳连接销		👁	月检查： ①销轴无损伤，紧固牢靠
24	齿轮齿		👁	季度检查： ①齿轮齿啮合正常，无磨损
25	主轴		👁	季度检查： ①无径向跳动及轴向窜动。 ②主轴密封性能良好，无漏油
26	蓄能器		👁	季度检查： ①氮气压力 4MPa

续表

序号	检查项目（部位）	图示	检查方法	检查项点
27	提环销		👁	年检查： ①螺栓紧固无松动，别针齐全
28	天车耳板及导轨连接件		👁	季度检查： ①焊接点无损坏、无裂缝。 ②探伤无内伤
29	提环销		👁	年检查： ①螺栓紧固无松动，别针齐全
30	板式滤清器		👁	日检查： ①固定牢靠，无刺漏现象

表 4-5 防碰天车 HSE 检查表

序号	检查项目（部位）	图示	检查方法	检查项点
1	过卷防碰天车		看	①固定螺栓无松动，阀杆并紧，螺母无松动。 ②无漏气。 ③阀杆无变形。 ④过卷阀左右位置和阀杆伸出长度正确（游动系统上升至防碰高度，即天车底部至游车顶部约 6m 时能触碰过圈阀阀杆到开启位置）。 ⑤工作正常（每班交接班前，应先将过卷阀阀杆压一下），系统动作符合要求（刹车作用，系统动力摘离）
2	TFPQ 插拔防碰天车		看	①防碰天车的上拉销与井架下段最后一个导向圈连接距离为 4～5m。 ②使用 φ7.5mm 的钢丝拉绳，无断丝、变形、锈蚀等情况。 ③钢丝绳无松动。 ④钢丝绳和上拉销连接后的受力方向与下拉销插入方向≤30°
3			看	⑤防碰绳装在距天车底部 4～6m 位置
4			看	⑥调整螺栓拧紧

续表

序号	检查项目（部位）	图示	检查方法	检查项点
5			👁🖐	⑦上拉销连接牢固
6			👁🖐	⑧下拉销抹少量黄油，无阻卡现象
7	TFPQ 插拔防碰天车		👁🖐	⑨组合阀通气、关气正常
8			👁🖐	⑩管线无开裂，接头无漏气现象
9			👁🖐	⑪上、下拉销之间的钢丝绳无断丝、变形、锈蚀等情况

表 4-6 钻井泵安全阀 HSE 检查表

序号	检查项目（部位）	图示	检查方法	检查项点
1	外观检查			①阀盖无破损。 ②活接头连接牢固。 ③泄压管保险绳拴挂牢靠
2	外壳及固定检查			①护壳连接销子齐全。 ②钻井泵安全阀支管与法兰焊缝无裂纹、砂眼，连接法兰密封、螺栓紧固
3	检查剪切销			①剪切销、剪切板无变形，销孔无变大，根据缸套直径大小对应钻井泵额定工作压力调整剪切销穿孔位置。 ②剪切销尺寸与泄压阀型号一致
4	检查活塞杆			①活塞杆无变形、弯曲，润滑良好

表 4-7 速差自控器 HSE 检查表

序号	检查项目（部位）	图示	检查方法	检查项点
1	速差自控器			①固定悬挂在作业点上方结构物上，同时通过连接器将防坠器与安全带联结，连接绳在使用过程中可随人的移动自行伸缩，作业时倾斜角≤30

续表

序号	检查项目（部位）	图示	检查方法	检查项点
2	速差自控器		目视	①棱角处加衬垫保护
3			目视手感	①将安全绳以正常速度拉出应发出"嗒"、"嗒"声，用力猛拉安全绳，应能锁止，松手时安全绳应能自动回收到器内，安全绳无断股、锈蚀
4			目视手感	②连接绳无打结使用，挂钩必须挂在安全带的连接环上，防脱钩正常，必须远离尖锐物体、火源、带电物体
5			目视手感	③外壳无裂纹等缺陷，各部件完好，不得任意拆除、更换；使用时也不需添加任何润滑剂
6			目视手感	④绳钩、吊环、固定点、螺母等无松动；壳体无裂纹或损伤变形
7			目视	①有安全检验部门的产品合格证

表 4-8　天滑轮 HSE 检查表

序号	检查项目（部位）	图示	检查方法	检查项点
1	外观检查		看	①滑轮本体无裂纹或明显变形。 ②绳槽边缘无破损
2	润换检查		看	①滑轮黄油嘴齐全完好，每 1000h 注油保养一次。 ②滑轮在使用过程中转动灵活，无阻卡现象
3	固定防脱检查		看	①滑轮固定螺钉、背帽无松动，防脱销子齐全。 ②滑轮两侧固定板无裂纹、固定牢靠。 ③滑轮安装保险绳，安装正确
4	滑轮绳槽检查		看	①滑轮挡绳杆牢靠。 ②滑轮轮槽径向磨损量<4mm，滑轮轮槽不均匀磨损量<3mm

续表

序号	检查项目（部位）	图示	检查方法	检查项点
5	滑轮轴套检查			①滑轮使用过程中无旷动，侧向摆动量≤滑轮直径的 1/1000。 ②轴套磨损量≤轴套壁厚的 10%

表 4-9 万向轴 HSE 检查表

序号	检查项目（部位）	图示	检查方法	检查项点
1	外观检查			①表面连接无明显伤痕。 ②本体无裂纹。 ③表面清洁，无油污
2	两端连接及固定			①两端法兰平整
3	两端连接及固定			①固定法兰与连接法兰尺寸匹配
4				①万向轴连接螺栓必须选用 8.8 级及以上的高强度细牙螺纹螺栓、螺母，加弹簧垫圈按对称方向依次旋紧，不得欠扣。 ②法兰连接端面有卡键的，不得缺失

续表

序号	检查项目（部位）	图示	检查方法	检查项点
5	两端十字轴		👁✋🔧	①十字销轴轴颈、轴承外圈及短圆柱滚子间表面磨损，测量其径向间隙（最大允许值为 0.1mm）。 ②观察接触面无压痕、点蚀剥落、碎裂等现象
6			👁	①节叉孔无产生磨损和变形，间隙标准
7			👁	①黄油嘴完好，注油孔能有效注入润滑脂
8	花键轴		👁	①花键套完好，花键上清洁。 ②无杂物，无磨损
9			👁	①黄油嘴完好，能有效注入润滑脂
10			👁✋🔧	①万向轴花键轴与花键套按标记箭头方向对正（可重新打印痕标记）。 ②两端叉头轴承孔轴线的相位差不超过1°。 ③保证运转动平衡要求
11			👁	①中间接管处做好标记

续表

序号	检查项目（部位）	图示	检查方法	检查项点
12	花键轴		👁️ ✋	①花键副滑动灵活。 ②间隙的最大允许值为 0.5mm
13	铭牌、台账管理		👁️	①万向轴铭牌保存完好
14			👁️	①对于万向轴的相关信息（特别是新更换的）及时登录在关键设备设施台账中，保证信息的可追溯性
15	运转检查注意事项		👂	无异常响声
16			👁️ ✋	十字包无轴向窜动（轴承磨损）
17			👁️ ✋	径向跳动正常
18			👁️ ✋	花键副滑动灵活（花键齿磨损或配合间隙过大以及扭曲变形时进行更换）
19			✋	严禁随意在万向轴本体上割焊，以免破坏万向轴的动平衡性能
20			👁️ 🔧	对于本体存有缺陷、磨损超标达到报废标准的或"三不清"万向轴，及时进行报废，严禁继续使用

表4—10 液压盘刹HSE检查表

序号	检查项目（部位）	图示	检查方法	检查项点
1	盘刹液压站		看听	①柱塞泵工作正常，无异响、高温
2			看	②系统压力正常：PSZ65为6.5MPa，PSZ75为9MPa，系统液压阀件无泄漏，停泵后24h系统压降＜1MPa
3			看	①液压油油位在最高液面标尺和最低液面标尺范围之内，油品、滤芯按规定及时更换，夏季用L—HM46抗磨液压油，冬季用L—HV32抗磨液压油，无变质乳化等现象。 ②高压滤芯每半年更换一次，其他滤芯每一年更换一次。 ③储能器胶囊每一年更换一次

续表

序号	检查项目（部位）	图示	检查方法	检查项点
3			看	④风冷器、冷却水管线连接完好，工作正常，液压油温≤60℃
4	盘刹液压站		看	①储能器充氮压力为≥4MPa，每周检查一次
5			看	①工作钳、安全钳管线对应正确连接，保证管线及接头清洁，连接无渗漏
6	控制机构		看	①制动手柄、驻车制动操作灵敏
7			看	②司控房内压力表工作正常，且数值与盘刹站一致

续表

序号	检查项目（部位）	图示	检查方法	检查项点
7	控制机构		看、摸	③液压管线连接正确，无破损、打扭、摩擦等现象，每使用三年须更换
8	执行机构		看、量	①刹车盘清洁无油污，刹车盘单边磨损量≤5mm，水冷式刹车盘冷却水管线畅通，循环正常
9			看、量	①工作钳油缸油封无泄漏，呼吸器清洁无漏油、堵塞现象。②工作钳刹车间隙≤2mm；刹车块磨损厚度≤10mm
10		10mm	看、量	
11			看	①安全钳缸油封无泄漏，呼吸器清洁无漏油、堵塞现象

- 362 -

续表

序号	检查项目(部位)	图示	检查方法	检查项点
12	执行机构			②安全钳碟簧每12个月更换一次
13				③安全钳刹车间隙≤0.5mm，刹车块磨损厚度≤10mm
14				④钳架、钳体焊缝无裂纹、腐蚀，每半探伤一次，摩擦粉尘、油污等及时清理
15				⑤连接销轴每3个月或一口井拆卸、保养一次

第二节　设备启动前 HSE 检查表

启动前HSE检查是指在工艺、设备启动前对所有相关因素进行检查确认，并将所有必改项整改完成，批准启动的过程。新设备、停工检修设备、长期停运设备、重新安装的设备以及经过变更的设备，启动前必须进行启动前HSE检查，设备启动前HSE检查表见表4-11至表4-16。

表4—11 并车传动箱启动前 HSE 检查表

序号	检查项目（部位）	图示	检查方法	检查项点
1	外观及安装状况		看、摸	①并车箱输出轴法兰与绞车输入轴法兰应对正，万向轴连接误差＜2°。 ②并车传动箱万向轴与动力机组、钻井泵的连接部位已找正。 ③各万向轴定位面应无磕碰现象，连接螺栓齐全、紧固牢靠。 ④搭扣螺栓装置和T型螺栓压紧装置应有弹簧垫圈或并帽，安装与紧固符合要求。 ⑤各窗口、箱盖密封完好，无渗漏。 ⑥各旋转件防护罩、过桥梯子、栏杆齐全，安装符合要求，紧固牢靠。 ⑦各呼吸器通气畅通，滤网无堵塞（严禁启动动力机组。各万向轴连接螺栓不得少装弹簧垫圈，以防工作中因振动引起螺栓松动而紧固失效）
2	润滑系统		看、摸	①箱体内润滑油液面应保持在观察窗2/3处以下、下油孔以上位置。 ②齿轮油泵、滤油器安装稳固，滤芯清洁，启动前加入机油，润滑油路无堵塞。 ③油管线、机油喷嘴装置完整、通畅，位置合理。压力表完好，并在校验期内。 ④润滑油清洁，符合使用要求（首次加入600L 机械油：冬季用 L—AN46，夏季用 L—AN100，油量不足时及时补充，以防油泵吸空。部件有渗油现象时应查找和排除泄漏点）
3	气控系统		看、摸	①气路工作压力应达到 0.65～0.8MPa，无泄漏。 ②接通气源、操纵操作台各气路控制手柄，检查气路控制系统，气路管线连接正确，各手柄所控制的气路动作正确、到位（气路有泄漏时应查找和排除泄漏点。冬季气路应有防冻保温措施）

续表

序号	检查项目（部位）	图示	检查方法	检查项点
4	操控系统		👁	①并车阀岛箱控制电缆连接正确、固定牢固、绝缘可靠、供电正常。 ②操作司控台和动力机组控制箱旋钮，挂合钻井泵信号，动力机组信号准确，阀岛箱内阀件动作灵敏、可靠。 ③操作控制旋钮时，阀岛箱内阀件动作可靠，对应各离合器动作正确、到位（控制信号应与相应设备对应。测试操控系统时应与司钻联系沟通）
5	离合器		👁	①动力输入离合器开关位于摘开位置。 ②各离合器内轴承已按要求每班加注锂基润滑脂（冬季用 NLGI 1，夏季用 NLGI 2 锂基润滑脂）。 ③手动挂合、脱开离合器时应动作灵活、到位，控制与执行单元应一一对应。齿套式离合器手动挂合、脱开灵活到位。气胎离合器与摩擦毂间隙均匀，无偏磨现象。（严禁启动动力机组，各气胎离合器与摩擦毂不得出现偏磨现象）

表 4-12　柴油机启动前 HSE 检查表

序号	检查项目（部位）	图示	检查方法	检查项点
1	外观及安装状况		👁🔧	①柴油机与底座固定牢靠、与联轴器联接牢靠，飞轮、万向轴、风扇等处护罩无缺损。 ②减振胶块无损坏。 ③飞轮等旋转运动部位附近无杂物。 ④油、水、气无泄漏，管路连接正确、畅通无阻
2	燃油供给系统		👁	①燃油油路接通，管路畅通。

续表

序号	检查项目（部位）	图示	检查方法	检查项点
2	燃油供给系统		👁	②柴油滤清器及高压油泵的空气排除干净，柴油充满输油泵、燃油滤清器和高压油泵
3	润滑系统		👁👆	①油底壳内机油液面应保持在油标上、下两刻线之间。高压油泵、调速器、机油雾化器油位符合要求
4	冷却系统		👁	①水箱内的防冻液液面必须保持在规定位置
5	启动系统		👁	气动马达气源压力应达到 588～882kPa
6	操控系统		👁👆	①转动油门手柄，操作传动杠杆应轻便、灵活。②扳动调速器上的停车手柄，齿条应移动灵活，无卡滞现象

序号	检查项目（部位）	图示	检查方法	检查项点
6	操控系统		看、手	③扳动防爆装置操纵手柄，阀门位于开启位置
7	仪表		看	仪表和控制面板应完好
8	离合器		看	柴油机动力输出离合器开关位于摘开位置

表4-13 发电机启动前 HSE 检查表

序号	检查项目（部位）	图示	检查方法	检查项点
1	外观及安装状况		看、手	①发电机组与底座固定应牢靠、柴油机与联轴器联接应可靠，护罩应完整稳固。 ②减振胶块无损坏。 ③发电机组零部件应齐全完整。 ④飞轮等旋转运动部位附近无杂物。 ⑤油、水、气无泄漏，管路连接正确（气启动压缩空气压力应保持 0.65～0.8MPa。电启动蓄电池电压应为 24V 左右）
2	燃油供给系统		看、手	①燃油箱内油料符合说明书规定的品种、规格。油箱内应注入充足的燃油，注入的燃油必须经过48h沉淀，并经过滤后使用。 ②接通燃油油路，排除燃油滤清器及喷油泵的空气，使柴油充满输油泵、燃油滤清器和喷油泵（新安装或拆过高压油管的柴油机，要进行泵油作业，并松开放气螺钉，以使高压油管内充满柴油）

续表

序号	检查项目（部位）	图示	检查方法	检查项点
3	润滑系统		眼/手	①油底壳内机油液面应保持在油标上、下两刻线之间（环境温度低于5℃时，应按使用说明书规定采用低温启动性能好的等级油）
4	冷却系统		眼/手	①水箱内的冷却液液面应保持在水标规定位置
5	启动系统		眼/手	①采用气动马达启动系统时，检查气源压力应达到588～882kPa，输气管路不得漏气。 ②采用电动马达启动系统时，检查蓄电池电压及电解液密度，应处于饱和状态。启动电瓶电压不得低于±10V（DC）
6	操控系统		眼	①将发电机组控制启动旋钮旋至开位（按下启动按钮）。 ②将速度调节旋钮及电压调节旋钮处于中间位置。 ③将柴油机上的超速跳闸机构复位

序号	检查项目（部位）	图示	检查方法	检查项点
7	仪表		目视	仪表和控制面板应完好（启动前测试各报警指示灯，应工作正常，测试紧急停车按钮工作正常）
8	断路器		目视	①发电机组动力输出断路器开关位于断开位置（严禁带负荷启动柴油机）

表 4—14　绞车启动前 HSE 检查表

序号	检查项目（部位）	图示	检查方法	检查项点
1	护罩		目视	①护罩完好无变形
2	联接部位		目视、手试	①联接部位紧固。万向轴固定螺钉为细牙螺纹，强度等级 8.8 级以上，弹簧垫圈无缺失。 ②绞车固定螺钉为粗牙螺纹，强度等级 8.8 级以上，平垫圈、背帽无缺失

续表

序号	检查项目（部位）	图示	检查方法	检查项点
3	排绳器		看	①排绳器固定牢靠。 ②滑轮移动灵活无阻卡，附件无损坏
4	防碰天车过卷阀		看	①防碰过卷阀调节位置合适，工作灵敏可靠。 ②插拔式防碰天车用 ϕ6.4mm 的钢丝绳作引绳，松紧合适，不扭曲、不打结，不与其他部件擦刮，拉绳距天车滑轮＞4m，工作正常
5	润滑油、冷却水		看	①润滑油位在油标尺上下刻度线之间，润滑油标号（CF-4 15W/40）符合要求，润滑油泵运转正常，无泄漏。 ②冷却水清洁，冷却水泵运转正常。气源压力 0.65～0.8MPa

续表

序号	检查项目（部位）	图示	检查方法	检查项点
6	刹车			①刹车毂（盘）无变形、无裂纹、无油泥；刹车毂（刹车盘）磨损量≤13mm（双边≤10mm，单边≤5mm）；刹带厚度≥16mm（刹带块厚度≥12mm）；刹车机构、平衡梁、刹带钢圈、调节扳手、调节螺栓以及所有固定螺栓、螺帽等无缺失、无疲劳裂纹。刹把终刹位置与钻台面的夹角应为45°左右，低于30°时应调节刹带
7	链条			①链条无损伤或严重磨损
8	活绳头			①活绳头卡子固定牢靠，活绳头余量≥200mm
9	过桥轴			①过桥轴固定螺栓无松动

续表

序号	检查项目（部位）	图示	检查方法	检查项点
10	油、气、水、路			①油、气、水路连接正确、无泄漏
11	离合器			①离合器进、放气正常，摩擦毂和气胎上无油污。高、低速离合器磨损量≤8mm；转盘离合器磨损量≤5.5mm；转盘惯刹离合器磨损量≤1.5mm
12	司控房			①工业监视系统、模拟高度指示仪工作正常。 ②空调、暖风机工作正常。 ③各电气控制管线排列整体，完好无变形、无损坏
13	动力输入后情况			①动力输入后各部位运转无异常

表 4–15　钻井泵启动前 HSE 检查表

序号	检查项目（部位）	图示	检查方法	检查项点
1	护罩		看	①护罩完好无变形
2	联接部位		看	①万向轴固定螺钉为细牙螺纹，强度等级 8.8 级以上，弹簧垫圈无缺失，紧固牢靠，护罩齐全完好；固定压板、顶丝、螺钉无缺失、无松动
3	润滑油		看	①润滑油位在油标尺上下刻度线之间，冬季用 L-CKD150 重负荷齿轮油，夏季用 L-CKD 320 重负荷齿轮油，润滑油泵运转正常，无泄漏
4	冷却水		看	①冷却水水质良好并添加清洁剂；喷淋泵运转正常、无泄漏；喷淋管道干净畅通，喷嘴无缺失
5	安全阀、泄压管线		看	①钻井泵安全阀支管与法兰焊缝无裂纹、砂眼；钻井泵安全阀连接部位无松动及滴漏现象，阀盖无破损；剪切销、剪切板无变形，销孔无变大，根据缸套直径大小对应钻井泵额定工作压力调定剪切销穿孔位置。②泄压管线采用 $\phi 89mm$ 的无缝钢管，用 $\phi 12.7mm$ 的钢丝绳作保险绳，缠绕安全阀本体和泄压管线后卡牢

续表

序号	检查项目（部位）	图示	检查方法	检查项点
6	空气包		👁	①钻井泵空气包预充氮气或压缩空气，充气值为工程设计泵压的1/3～1/4，最高不超过4.5MPa，压力表压力等级应与之匹配，压力表灵敏、无破损
7	闸门组		👁✋	①闸门组闸阀无损坏，开关手柄无缺损，闸阀门开关灵活，能一关到底、一开到底；钻井液泄压通道畅通
8	高压管线		👁	①高压管线连接固定牢靠，不刺不漏；高压软管用 ϕ12.7mm 的钢丝绳作保险绳，保险绳连接、固定规范
9	控制阀件		👁	①钻井泵操作控制阀件、按钮、开关规格、型号符合标准，无缺失，工作正常
10	离合器		👁✋	①带泵离合器进、放气正常

表 4—16　寿力压缩机启动前 HSE 检查表

序号	检查项目（部位）	图示	检查方法	检查项点
1	外观		目视	①压缩机固定牢靠，各附件完好齐全，电机联轴器护罩完好，散热器风扇防护网完好。压缩机内部及周围不得有杂物
2	管线		目视	①油、气管线畅通，无泄漏
3	油量		目视	①油量应充满视油镜
4	电路		目视	①输入电压应符合要求；相序正确，电机转向正确。电缆接头牢靠
5	安全阀		目视	①安全阀完好，效验合格，整定压力符合要求
6	散热器		目视	①散热器完好，清洁无污堵

续表

序号	检查项目（部位）	图示	检查方法	检查项点
7	仪表			①仪表和控制面板应完好，各仪表与指示灯显示正常，故障报警系统无报警

第三节 作业前 HSE 检查表

在钻井现场，吊装作业、高处作业、起井架、推移井架等作业属于高危作业，作业前应进行 HSE 检查，作业前 HSE 检查表见表 4–17 至表 4–20。

表 4–17 吊装作业前 HSE 检查表

序号	检查项目（部位）	图示	检查方法	检查项点
1	吊车			①吊钩防碰限位开关灵敏好用，要求限位 0.3m，现场试车 2 次，动作有效可靠。②限位器重锤固定绳无断丝。③限位器重锤无阻卡
				①钢丝绳在一个捻距内钢丝断数不得超过钢丝数的 10%。②当钢丝绳磨损使其直径相对于公称直径减小 7% 及以上时，即使未断丝也应报废更新（备注：在钢丝绳全长范围内随机抽段检查，重点是卷筒上的终端部位和常绕滑轮的部位，绳面应有润滑油）

续表

序号	检查项目（部位）	图示	检查方法	检查项点
1	吊车		👁️✋	①钢丝绳尾端装卡牢固，压板数目不应少于2个。 ②吊钩处于最低点时卷筒上至少留有3圈钢丝绳。 ③检查钢丝绳与卷筒槽是否匹配
			👁️✋	①制动器灵敏可靠，摩擦片的磨损不得超过原厚度的50%。 ②制动时间不大于2s
			👁️✋	①钢丝绳头固定使用2个与绳径相符尺寸的绳卡卡牢。 ②楔块和楔套无裂纹、变形。 ③销子无裂纹，保险销完好
			✋👁️	①吊钩锁舌无变形。 ②簧片无变形、弹力正常。 ③销轴连接无变形，保险销齐全
			✋👁️✋	①吊钩外观无裂纹、裂痕、变形。 ②各卡板安全有效。 ③各螺栓无松动。 ④各滑轮及轴承转动灵活
			👁️	①滑轮穿绳股数与滑轮数量、大小匹配

- 377 -

续表

序号	检查项目（部位）	图示	检查方法	检查项点
1	吊车		👁	①小吊钩拆除
			👁	①转盘轴承间距合理，螺栓、螺母安装到位。 ②起重臂完好（无可见的弯曲变形）。 ③支腿垫板符合要求（面积至少是支腿千斤顶的3倍）。 ④液压油面高度符合标准要求，液压管线无渗漏、擦刮、磨损
			👁	①水平仪安装未错位。 ②水准器无破损、清晰、便于观察
			👁	①幅度指示器指示角度的刻度盘数字清楚。 ②自由转动的垂直指针转动灵活，固定牢固。 ③幅度指示器在司机便于观察处
			👁	①吊车操作室内前挡玻璃侧安装记录仪，拍摄视线无阻挡
			👁	①操作室雨刮器、窗户完好。 ②喇叭、踏板完好有效。 ③操作室操作杆完好有效
2	钻具推拉钩		👁	①推拉钩长度1.3m，直径 ϕ 0.8cm

续表

序号	检查项目（部位）	图示	检查方法	检查项点
3	引绳		👁	①引绳自身长度不小于危险区域半径的1.5倍。 ② ϕ14mm 白棕绳无分岔、散乱、打结的现象
4	吊索具检查		👁✋	①检查钢丝绳无断丝、弯折变形、散股、打扭。 ②无腐蚀现象，进行涂油保养。 ③钢丝绳无老化变硬现象
			👁✋	①卸扣表面光滑、无毛刺、无锐角，并且不得有裂纹、折叠、过烧等缺陷。 ②使用时，横向间距不得受拉力，轴销必须插好保险销。 ③使用时，应检查扣体和插销，不得严重磨损、变形和疲劳裂纹
5	吊点标识		👁✋	①设备各吊点根据质量体积标明需要使用的钢丝绳套规格（绳径×长度×根数）。 ②吊点与被吊物体重心在同一条铅垂线上，焊点无损伤。 ③吊点选择在吊装物件的重心上部，有可靠的稳定性。 ④标识颜色为红色
6			👁	①吊点有棱角的要有对应的护套

续表

序号	检查项目（部位）	图示	检查方法	检查项点
7	吊点标识			①需要使用卸扣连接的吊物还应标明卸扣规格及数量
8	吊点标识		👁	①检查不规则物体吊点是否标识。通过估计设备重心位置，采用低位试吊法来找到重心，使吊点与被吊物体重心在同一条垂线上。 注意： （1）容器类吊物在起吊前应放净罐内液体。 （2）使用试吊法逐步确定每个吊点的绳套规格及长度。 （3）在每个吊点处标明该吊点使用的绳套规格及长度；对设备没有固定吊点的情况，采用试吊法确定吊点
9	危险区域		👁	①吊装区域无闲散人员，障碍已排除，起重臂旋转区不能站人。 ②被吊物下方及其可能滑脱摔落的最大半径范围不能站人，如果作业场地为斜面，则应站在斜面上方（不可在盲区），防止吊物坠落后继续沿斜面滚动伤人。 ③不要进入狭小空间，安全通道畅通
10	吊装指挥信号服		👁	①信号服干净、整洁、无破损，带有反光条。 ②信号服本体颜色为黄色。 ③信号服上喷绘有"吊装指挥"字样
11	吊车准入证		👁	①持有相关部门下发的资格核准证。 ②证件在有效期内（有效期为一年）

续表

序号	检查项目（部位）	图示	检查方法	检查项点
12	吊车司机资格核准证			①持有相关部门下发的资格核准证。②检查证件在有效期内（有效期为一年）
13				①现场提问"十不吊、五确认"及指挥信号的熟悉程度。②吊车基本检查、性能、钢丝绳套使用标准及吊点的确认。③考核分不低于80分为合格
14	吊装指挥人员资格证			①吊装指挥人员持有吊装指挥资格证。②证件在有效期内
15	吊装作业前安全会			①由现场负责人组织召开吊装作业前的安全会。②参加作业人员全员参加会议并签字。③会议前先经验分享，再工作安排、人员分工、风险识别，制定消减措施
16	自然环境			①大雨、大雪、大雾及风力五级以上等恶劣天气，必须停止起重吊装作业

表 4—18　高处作业前 HSE 检查表

序号	检查项目（部位）	图示	检查方法	检查项点
1	作业管控		👁	①高处作业人员开具作业许可票，组织相关人员进行工作安全分析
2	作业人员		👁	①作业人员身体健康，状态符合作业要求
3			👁	①作业人员具备相应的操作证
4			👁	①作业监护人员清楚作业风险和风险管控措施，与相关人员进行了沟通、交底，确保作业时无交叉作业
5	作业工具		👁	①安全带、安全帽、防坠落装置完好
6			👁	①辅助作业工具，如榔头、扳手等防掉落措施

续表

序号	检查项目（部位）	图示	检查方法	检查项点
6	作业工具			①辅助作业工具，如榔头，扳手等防掉落措施
7				①作业手工具使用手工具袋携带至作业地点
8				①对危险区域进行了隔离警示
9	措施执行			①通过梯子或专用作业平台上下至作业地点，必要时使用防坠落装置和差速自控器
10				①安全带挂点可靠，且能满足高挂低用的要求

续表

序号	检查项目（部位）	图示	检查方法	检查项点
11	措施执行		眼、手	①使用移动式平台作业时，平台摆放平稳，移动作业平台时，作业人员必须离开。②使用载人提篮时必须使用专用载人绞车提升，且提篮和绞车无安全缺陷
12			眼	①不能正常使用防护设施的作业面，临边作业距离不小于 0.5m，移动时采取蹲位或骑跨姿势
13			眼	①进行电器检修时，应具备安全用电条件，断电、上锁、挂签等措施已落实到位
14			眼	①与吊车配合进行高处安装作业时，人员应精力集中，吊车移动有专人指挥

表 4-19　起井架前 HSE 检查表

序号	检查项目（部位）	图示	检查方法	检查项点
1	井架及附件		👁️🔧	①井架及附着物件固定牢靠，无遗留物件。 ②所有构件连接销安装齐全，别针应穿好，螺栓、螺母紧固。 ③需低位安装的设备、附件已安装到位，无遗漏。 ④井架绳索、水龙带已理顺，无相互干扰
2	绳索		👁️	①起井架大绳、绞车滚筒大绳符合安全要求，无跳槽、阻卡现象。 ②滚筒大绳缠绕不少于两层半（已绷紧）。 ③起井架大绳楔套在探伤有效期内且正常
3	导向滑轮		👁️🔧	①导向滑轮已作检查保养，转动灵活，挡销固定牢靠

序号	检查项目（部位）	图示	检查方法	检查项点
4	二层台			①二层台猴台已固定牢靠。 ②指梁已放下。 ③保险绳齐全
5	缓冲缸			①缓冲缸已接上动力源（气源或液压源）。 ②操作灵活且伸至最大行程
6	死、活绳头			①挡绳杆及滑套无缺失、变形，固定牢靠；压板加双螺母固定，绳卡与钢丝绳放正、贴合，两个绳卡固定牢靠，保险卡距压板50mm。 ②活绳端穿入滚筒，按设计固定规范，活绳头余量≥200mm，卡牢防滑短节

续表

序号	检查项目（部位）	图示	检查方法	检查项点
7	刹车系统			①刹把高低位置合适，刹车灵活，各挡及各离合器运行正常，辅助刹车已供电、牙嵌已挂合
8	基础			①井架基础水平面高差 ±3mm
9	指重表			①指重表指针灵敏，示值准确
10	水柜			①钻机有水柜的，必须灌满水
11	动力传动设备			①动力、传动设备运转正常（至少启动了2台柴油机，电动钻机至少启动2台发电机）
12	气源、发电设备			①气源、液压及发电设备供给正常，气压在 0.65～0.8MPa 之间

续表

序号	检查项目（部位）	图示	检查方法	检查项点
13	风险控制工具		👁	①召开了作业前安全会，开展了工作安全分析，办理了作业许可
14	相关人员		👁	①明确钻台、机房、场地监控人员，明确场地与钻台指挥人员，并已全部到位
15	天气		👁	①天气条件满足作业要求，能见度>100m，风力<6级
16	隔离		👁	①已对危险区域进行隔离

续表

序号	检查项目（部位）	图示	检查方法	检查项点
17	试起		👁	①用绞车最低挡，将井架起升至离支架 200mm 左右时，刹车 5min 进行起升前检查
18	游动系统		👁	①确认起井架大绳和游动系统钢丝绳穿绳无误，钢丝绳均在绳槽中，挡绳装置可靠
19	活绳头		👁	①起升大绳的活绳头无滑移现象
20	死绳固定器		👁	①死绳固定器的压板无松动，死绳无滑动

表 4-20　推移井架前 HSE 检查表

序号	检查项目（部位）	图示	检查方法	检查项点
1	井架		👁	井架上无余留钻具。能见度＞100m，风力<6 级
2	方钻杆、大小鼠洞		👁	①方钻杆插入转盘且固定，转盘、刹把锁死。 ②大、小鼠洞已拔出
3	钻台底座		👁	①基础摆放在实方上，高差 ±3mm，间距 20cm，滑道与基础无悬空。 ②钻台梯子、大门坡道、逃生滑道已拆除。 ③滑道附件连接齐全，滑道面清理干净，无杂物和泥土，涂抹润滑脂。 ④储气瓶压力释放到零
4	其他周围连接设施		👁	①影响推移的油、气、水管线和电缆已拆除。 ②井控设备移至远离底座

续表

序号	检查项目（部位）	图示	检查方法	检查项点
4	其他周围连接设施		👁	①影响推移的油、气、水管线和电缆已拆除。 ②井控设备移至远离底座
5	液压站		👁✋	①液压站已开启，试运转正常，处于待命状态
6	管汇		👁	①地面高压管汇连接已拆除。 ②机泵房设备固定牢固。 ③机泵房铺台梯子已拆除
7	推移千斤顶		👁✋	①推移千斤顶灵活好用，管线连接可靠
8	二层台逃生装置		👁	①二层台逃生装置与地锚连接已拆除
9	管具及其他		👁	①钻具猫道、管架已拆除

续表

序号	检查项目（部位）	图示	检查方法	检查项点
10	作业前安全会		👁	①召开作业前安全会，进行工作安全分析，落实作业许可，明确作业人员、指挥人员和四周场地监控人员，明确职责及措施

第五章

专业 HSE 检查表

专业HSE检查是指对消防安全、井控安全、危化品安全、防洪防汛安全、用电安全等工作分别进行的专业检查。

第一节　消防HSE检查表

钻井作业中，地层油气失控外溢、动火作业、使用的物料以及日常生活中，都可能引发火灾爆炸。钻井公司每半年组织一次消防安全检查；项目部（分公司）、专业公司每季度组织一次消防安全检查；钻井队每月组织一次消防安全检查。消防安全检查要做到检查时间、内容和组织人员"三落实"。消防安全检查见表5-1，检查内容应当包括灭火器材配置及有效情况、消防安全重点部位的管理情况、消防演练情况等。

表5-1　消防HSE检查表

序号	检查项目（部位）	图示	检查方法	检查项点
1	干粉灭火器检查			①灭火器有合格证，出厂日期、检测日期在有效期内。 ②瓶体外观无尘污、损坏，可见防腐层脱落不超过1/3。 ③保险销、铅封完好。 ④压把良好无破损。 ⑤喷管连接良好无松动，喷嘴（管）本体无老化、粘连、破损、堵塞。 ⑥干粉灭火器检查压力表完好，压力指针在绿区。 ⑦干粉管理卡检查打孔月份正确，编号和管理人员已记录
2	二氧化碳灭火器检查			①灭火器有合格证，出厂日期、检测日期在有效期内。 ②瓶体外观无尘污、损坏，可见防腐层脱落不超过1/3。 ③保险销、铅封完好。 ④压把良好无破损。 ⑤喷管连接良好无松动，喷嘴（管）本体无老化、粘连、破损、堵塞。 ⑥二氧化碳灭火器管理卡内容包含原始重量、每月检查称重记录、编号和管理人员姓名，电子秤称重量精确到小数点后2位，缺损不超过原始重量的5%

续表

序号	检查项目（部位）	图示	检查方法	检查项点
3	摆放环境			①灭火器材摆放于通风、干燥、便于取放处，防晒防雨措施完好，营房或值班房放置在房门内两侧便于取用处。油罐区、机房手提式灭火器摆放在专用箱内，灭火器箱体无破损，箱内外无尘污、锈蚀、损坏。放置手提式灭火器时其顶部离地面高度≤1.50m，底部离地面高度≥0.08m，底部有防腐蚀措施
4	消防房检查			①消防器材房摆放 MFT 35 型推车式干粉灭火器 4 具、8kg 型干粉灭火器 6 具、5kg 型二氧化碳灭火器 2 具、消防斧 2 把、消防钩 2 把、消防桶 6 只、消防锹 4 把、消防毡 10 条。②消防器材房应有明显的标识，生产期间严禁房门上锁
5	油罐区检查			①油罐区摆放 MFZ 型 8kg 型干粉灭火器 4 具、消防砂 4m³、消防桶 2 只、消防锹 2 把。②放置点应选择在季节风的上风向，距油罐距离 5～9m。③灭火器应放在消防器材专用箱内
6	水罐区检查			①水罐区放置 10hp 消防专用水泵 1 台，消防泵采用硬管线连接，加注汽油，保证随时可以启动使用。②消防水带 100m，φ19mm 直流水枪 2 支，与消防水带、消防泵接口相匹配的专用消防栓或快速接口 1 个

续表

序号	检查项目（部位）	图示	检查方法	检查项点
7	机房区检查			①机房配备 5kg 型二氧化碳灭火器 3 具，气井队放置在机房值班房内，油井队放置在机房靠司钻一侧的梯子入口左侧，统一摆放在消防器材专用箱内。 ②每个发电房配备 5kg 型二氧化碳灭火器 1 具，VFD 房、MCC 房或配电房配备 5kg 型二氧化碳灭火器 1 具，应放置在靠门口处，便于应急
8	营房检查			①每栋野营房配备 2 具 2kg 型干粉灭火器，分别放置在房门内两侧。 ②烟雾报警器能正确使用

续表

序号	检查项目（部位）	图示	检查方法	检查项点
8	营房检查			③漏电保护器完好。 ④电热板上方无晾衣架
9	食堂检查			①员工食堂配备4具8kg型干粉灭火器：操作间2具，餐厅2具。 ②漏电保护器完好
10	消防档案			①建立本队的消防档案

续表

序号	检查项目（部位）	图示	检查方法	检查项点
10	消防档案			②建立本队义务消防队。 ③消防隐患的治理情况
11	消防演练情况			①每月组织开展一次灭火预案演练。 ②消防演练记录齐全
12	易燃易爆危险品管理			①汽油、油漆等易燃易爆危险品专用储存装置，防泄漏防护，防晒防雨，注意通风，存放量适量

续表

序号	检查项目（部位）	图示	检查方法	检查项点
13	消防知识的掌握情况		提问及考试卷	①掌握消防设施和灭火器材的使用方法，维护和保养消防器材和设施。②掌握防火和灭火的基本技能，会扑灭初级火灾。③掌握报警以及自救逃生等应急知识和技能。④预案的培训和演练

第二节 井控 HSE 检查表

钻井公司每季度进行一次井控工作检查，及时发现和解决井控工作中存在的问题，落实各项井控规定和制度。钻井队应定岗、定人、定时对在用井控装备和工具进行检查、维护保养，并认真填写保养检查记录。井控 HSE 检查表见表 5-2 至表 5-5。

表 5-2 井控 HSE 检查表——放喷管线检查表

序号	检查项目（部位）	图示	检查方法	检查项点
1	放喷管线			①放喷管线用 ϕ127mm 的钻杆或专用放喷管线。②用 ϕ127mm 钻杆作为放喷管线时，通径≥78mm。③放喷管线不允许现场焊接。④放喷管线应用黄漆着色。⑤放喷管线出口不允许出现内径由大变小的现象

续表

序号	检查项目（部位）	图示	检查方法	检查项点
2	安装要求		👁	①油井至少接一条放喷管线，接出井口50m以远；天然气井接2条放喷管线，接出井口75m以远；高含硫气井接2条放喷管线，接出井口100m以远。 ②放喷管线应平直安装，转弯处用120°铸钢弯头或铸钢三通。 ③放喷管线悬空超过10m时应架设金属过桥支撑
3	连接螺纹		👁	①连接螺纹紧固良好，密封可靠，不刺不漏。 ②螺纹均匀涂抹钻杆螺纹密封脂
4	水泥基墩		👁	①水泥基墩长×宽×深为800mm×800mm×800mm。 ②地脚螺栓直径≥20mm，长度≥500mm。 ③固定压板与管线之间垫橡胶。 ④固定压板宽度≥80mm，厚度≥10mm。 ⑤压板固定螺帽有背帽。 ⑥地脚螺栓露头不大于3个螺距
5	固定间距		👁	①放喷管线固定水泥基墩间距10～15m。 ②转弯处应使用水泥基墩固定
6	出口固定		👁	①放喷管线出口处用双基墩固定。 ②两基墩间距为1.2～1.5m
7	排污坑		👁	①放喷管线出口的钻杆外螺纹应进行防尘防锈包扎。 ②放喷管线出口处应挖排污坑，规格：圆形，直径φ400mm、深600mm，池底为斜面，内壁用水泥固化。 ③排污坑应铺防渗布或土工膜。 ④天然气井的放喷管线放喷口前方50m范围内不得有障碍物

续表

序号	检查项目（部位）	图示	检查方法	检查项点
8	铸钢三通		👁	①铸钢三通灌铅法兰正对流向。 ②法兰固定螺栓露头均匀一致。 ③铸钢三通两侧用水泥基墩固定
9	挡火墙		👁	①非林区施工井，放喷管线出口不再设置挡火墙。 ②林区施工井，在放喷管线排污口正对面5m处设置挡火墙，挡火墙长×高为5m×2m，挡火墙材料可选石棉板或彩钢板等
10	试压标准		👁	①天然气井的放喷管线试验压力不低于10MPa。 ②稳压时间均≥10min，允许压降参考值≤0.7MPa

表5-3 井控HSE检查表——节流管汇检查表

序号	检查项目（部位）	图示	检查方法	检查项点
1	压力表		👁	①高量程压力表量程：管汇压力级别为21MPa的高量程压力表量程选择25MPa；管汇压力级别为35MPa的高量程压力表量程选择40MPa；管汇压力级别为70MPa的高量程压力表量程选择100MPa。 ②低量程压力表量程：油井6～10MPa；天然气井10～16MPa
2			👁	①张贴校验合格证，有效期限为半年。 ②低量程压力表前的截止阀或旋塞阀闸门处于常关状态。 ③截止阀或旋塞阀闸门挂牌，标示开关状态

续表

序号	检查项目（部位）	图示	检查方法	检查项点
3	压力表		👁	①压力表表盘朝向手动节流阀方向安装
4	液动节流阀		👁	①液动节流阀液控管线密封良好，不刺不漏。 ②液动节流阀气管线密封良好，不刺不漏。 ③液动节流阀阀位变送器安装规范
5	手动节流阀		👁	①手动节流阀应处于半开状态。 ②手动节流阀应挂牌标示编号及开关状态
6	平板阀		☝👁	①平板阀开关转动灵活。 ②平板阀应挂牌标示编号及开关状态。 ③平板阀的开关状态与标识牌标识状态一致
7	关井套压提示牌		☝👁	①关井套压提示牌安装在J7平板阀处。 ②关井套压提示牌面向手动节流阀。 ③关井套压提示牌标示数据每井组更新一次，标示数据齐全准确，字迹清晰

表 5-4 井控 HSE 检查表——压井管汇检查表

序号	检查项目（部位）	图示	检查方法	检查项点
1	高量程压力表		手/眼	①高量程压力表量程：管汇压力级别为 21MPa 的高量程压力表量程选择 25MPa；管汇压力级别为 35MPa 的高量程压力表量程选择 40MPa；管汇压力级别为 70MPa 的高量程压力表量程选择 100MPa。 ②校验合格证有效期限为半年。 ③压力表盘面朝向井场前场方向。 ④平板阀待命工况处于常开状态，并挂"常开"字样的标识牌
2	低量程压力表		手/眼	①低量程压力表量程：油井 6～10MPa；天然气井 10～16MPa。 ②校验合格证有效期限为半年。 ③压力表盘面朝向井场前场方向。 ④直角截止阀或旋塞阀闸门待命工况处于常关状态，并挂"常关"字样的标识牌
3	平板阀		手/眼	①平板阀手轮着色为黑色，开关转动灵活，开关到位后回旋 1/4～1/2 圈。 ②标识牌标示的开关状态与待命工况开关状态一致
4	单流阀		手/眼	①单流阀待命工况处于常关状态，并挂"Y1，常关"字样的标识牌 ② 2″ 1502 活接头应进行防尘防锈包扎或接试压管线

表 5-5　井控 HSE 检查表——远控房检查表

序号	检查项目（部位）	图示	检查方法	检查项点
1	摆放位置		目视	①摆放在面对井架大门左侧、距井口不少于 25m 的专用活动房内。 ②周围留有宽度不少于 2m 的人行通道。 ③周围 10m 内不得堆放易燃、易爆、腐蚀物品
2	防污措施		目视	①远控房上应安装风向标，风向标与房子本体绝缘。 ②远控房下铺设土工膜。 ③远控房四周围防污堤
3	液控管线		目视	①液控管线与节流压井管汇及防喷管线间距大于 1m。 ②液控管线不允许埋在地下。 ③液控管线接头处不允许遮盖，液控管线按照控制对象编号，不允许在液控管线上堆放杂物或在其上进行割焊等其他作业
4	液控管线过桥		目视	①车辆跨越处应装过桥盖板采取保护措施，不得挤压。 ②液控管线活接头不能压在过桥盖板下
5	供电电缆		目视	①供电电缆应从 VFD 房或 MCC 房专线引出，并用单独开关控制。 ②供电电缆应为整根电缆，不允许有断接现象。 ③线截面积≥6mm^2。 ④供电电缆穿入远控房的孔洞处应有防磨保护

续表

序号	检查项目（部位）	图示	检查方法	检查项点
6	供气管线		目视	①供气管线应从气源房专线接出。 ②气源压力为 0.65～0.8MPa。 ③供气管线内径不应小于远控房的气管线接口内径（≥3/4in）。 ④冬季施工，供气管线应进行防冻保温包扎
7	换向阀手柄		目视	①远程控制台上所有三位四通换向阀手柄应处于与控制对象工作状态一致的位置。 ②控制全封闸板的三位四通换向阀手柄应安装保护装置。 ③控制剪切闸板的三位四通换向阀手柄应安装限位装置；远控房悬挂制定人员操作与自动启动挂牌
8	气源处理三联件		目视	①分水滤气器：每天打开底部的放水阀排除存水杯中的积液一次。每两周取下过滤杯与存水杯清洗一次。 ②空气调压阀转动灵活。 ③气源压力表：压力显示值在 0.65～0.8MPa 为合格。 ④校验合格证：气源压力表的校验周期为半年。 ⑤油雾器：加注油杯容积 1/2～2/3 的 32HL 润滑油或 32HV 抗磨润滑油。气泵工作时油雾器每分钟滴油量 5～8 滴
9	空气过滤减压阀		目视	①空气过滤减压阀压力表：压力显示值为 0.35MPa。 ②校验合格证：气压表校验周期为半年。 ③空气过滤器：底部排水阀灵活可靠，基本无积水，每天打开底部的放水阀排除存水杯中的积液一次。 ④调压阀：阀盖旋钮按到下位，无转动。向上拔起阀盖旋钮，顺时针旋转调高压力，反旋调低压力

续表

序号	检查项目（部位）	图示	检查方法	检查项点
10	照明灯		目视	①灯罩防爆密封良好。 ②接线口防爆密封可靠。 ③接地线线径和连接方式符合规定
11	照明灯开关		目视	①输出线接线口防爆密封可靠。 ②输入线接线口防爆密封可靠。 ③接地线线径和连接方式符合规定
12	压力表		目视	①储能器压力表：压力显示值在18.5～21MPa范围内。 ②管汇压力表：压力显示值为10.5MPa。 ③环形防喷器的控制压力表：压力显示值为10.5MPa。 ④气源压力表：压力显示值在0.65～0.8MPa范围内。 ⑤分配阀：安装司钻控制台时箭头小端指向"司钻台"，未安装司钻控制台时箭头小端指向"远控台"。 ⑥校验合格证：校验周期为半年
13	三位四通换向阀		目视	①三位四通换向阀手柄处于与控制状态一致的位置。 ② 3″气缸黄油嘴，每周注适量润滑脂保养一次。 ③标识牌标识的开关方向与控制状态一致，标识的控制对象与控制对象一致
14	液气开关		目视	①液气开关调节压力范围为18.5～21.0MPa。 ②气泵开关阀待命工况处于关位。 ③气控旁通阀待命工况处于关位
15	旁通阀		目视	①二位三通旁通阀手柄待命工况处于关位

续表

序号	检查项目（部位）	图示	检查方法	检查项点
16	启动器		看、摸	①电源总开关待命工况处于开位。②电泵控制开关待命工况处于自动位置。③防爆启动器接线扣防爆密封良好
17	电泵		看、摸	①电泵运转方向与链条箱上标注的运转方向一致。②链条箱加油口，加入约1L的46号润滑油，每月检查一次，润滑油不足时应补充。③电泵黄油嘴每周加注适量润滑脂
18	手动减压溢流阀		看、摸	①调节手轮。顺时针转动时管汇压力上升，逆时针转动时管汇压力降低。②锁紧手柄背帽。调节压力前将逆时针松开背帽，向上转动使背帽上行。③锁紧手柄。逆时针松开锁紧手柄
19	低压滤清器		看、摸	①低压滤清器。电泵及气泵低压滤清器每月清洗一次或每个井场清洗一次

第三节 危化品HSE检查表

危险化学品管理实行定期监督、检查制度，逐级落实隐患排查治理工作责任。钻井公司及所属相关单位应定期开展隐患排查活动：钻井公司每半年开展一次危险化学品专业检查；储存及使用单位每季度开展一次危险化学品专项检查；基层单位每月开展一次综合检查；班组、库房（化验室）开展周检查和日常检查。危化品 HSE 检查表见表 5-6。

表 5-6　危化品 HSE 检查表

序号	检查项目（部位）	图示	检查方法	检查项点
1	乙炔		看	①储存于阴凉、通风的库房。 ②防振圈和旋紧安全帽良好。 ③远离火种、热源。 ④库温≤30℃。 ⑤照明防爆。 ⑥10m 以内未放置易燃易爆物品、未动用明火。 ⑦氧气、乙炔未混放
2	汽油		看	①储存于阴凉、通风的库房。 ②照明灯具属于防爆型。 ③库温≤30℃。 ④远离火种、热源。 ⑤容器保持密封。 ⑥与氧化剂分开存放，未混储。 ⑦操作时佩戴橡胶耐油手套。 ⑧未使用易产生火花的机械设备和工具。 ⑨未使用塑料制品盛装汽油。 ⑩未与油漆、油漆稀释剂、润滑油等混装拉运
3	柴油		看	①密闭操作，通风良好。 ②有操作规程。 ③接地良好。 ④呼吸滤孔未堵塞。 ⑤通风系统和设备防爆。 ⑥管线无刺漏。 ⑦配备相应品种和数量的消防器材及泄漏应急处理设备

续表

序号	检查项目（部位）	图示	检查方法	检查项点
4	氢氧化钠			①储存于阴凉、干燥、通风处。 ②人员使用时佩戴防护眼镜，穿橡胶耐酸碱服，戴橡胶耐酸碱手套。 ③氢氧化钠包装完好
5	油漆			①储存于阴凉、干燥、通风处。 ②操作人员经过专门培训，严格遵守操作规程。 ③使用人员佩戴自吸过滤式防毒面具（半面罩），戴化学安全防护眼镜，穿防毒物渗透工作服，戴橡胶耐油手套。 ④远离火种、热源。 ⑤未与汽油、油漆稀释剂、润滑油混放
6	油漆稀释剂			①储存于阴凉、通风的库房，照明等电器防爆。 ②远离火种、热源。 ③库温≤30℃，包装密封。 ④使用时操作人员经过专门培训，严格遵守操作规程。 ⑤操作人员佩戴自吸过滤式防毒面具（半面罩），戴化学安全防护眼镜，穿工作服，戴橡胶耐油手套。 ⑥未与汽油、油漆、润滑油混放

第四节　防洪防汛 HSE 检查表

　　洪汛的含义是指江河、湖泊等水域的季节性或周期性的涨水现象。防洪防汛是指为防止和减轻洪水灾害，在洪水预报、防洪调度、防洪工程运用等方面进行的有关工作。汛前钻井公司要全面检查一次防洪防汛工作，对不符合项限期销项整改。检查内容包括物资储备、井场布局、预警响应、应急演练等。防洪防汛 HSE 检查表见表 5-7。

表 5-7 防洪防汛 HSE 检查表

序号	检查项目（部位）	图示	检查方法	检查项点	检查结果（检查结果正常用"√"，存在问题用"×"）
1	山崖		👁	①高于房顶的山崖边原则上不得放置设备或营房，因地形限制必须在山崖边摆放设备或营房时，摆放距离为山崖高度的0.4倍	
2			👁	①在距离山崖底边为高度的0.4倍处，采用铁丝网与水泥桩设置隔离区	
3			👁	②住人房与油料、化工等物质严禁摆放在泄洪渠和陡崖下方	
4	边沟		👁	①靠近边沟的垫方上原则上不得摆放设备或营房。因地形限制必须在边坡摆放设备或营房时，摆放距离为边坡高度的0.4倍。②在距离边坡顶边为高度的0.4倍处，采用铁丝网与水泥桩设置隔离区，不得摆放设备，避免人员进入	
5			👁	③在垫方堆砌的钻井液池和边坡处，铺设防渗布，压实边缘，防止雨水侵入、掏空、下滑	

续表

序号	检查项目（部位）	图示	检查方法	检查项点	检查结果（检查结果正常用"√"，存在问题用"×"）
6	山体行洪道			①在延伸至井场驻地的山体行洪道上设置行洪渠和防洪堤，行洪渠深度不得低于0.5m，且要引出井场和驻地。防洪堤高度不得低于0.5m。并根据雨季实际情况，适当增减2~5道防洪堤和行洪渠	
7	掏空洞			①对井场、崖方、边坡存着的空洞，应找出注水点，采取填埋、铺设防渗布等方式，避免雨水流入，造成掏空坍塌	
8				①在井场周边设置防洪堤，采用沙土堆砌30cm×50cm，防止雨水倒灌。并设置排水渠，确保水流畅通，在排出井场处挖容积 $2m^3$ 的蓄水池，用防渗布铺垫，以便用泵排出	
9	防洪堤			①在钻井液池、污水坑设置30cm×50cm沙土防洪堤，避免雨水倒灌	
10				②在机房区、钻井泵区、循环罐区设置30cm×50cm沙土防洪堤或设置排水沟，避免污水外泄	

续表

序号	检查项目（部位）	图示	检查方法	检查项点	检查结果（检查结果正常用"√"，存在问题用"×"）
11	化工区		目视	①化工物质下方垫土20cm高，且铺设防渗布进行下铺上盖	
12			目视	②压井材料储备（常规油气井储备30t以上，水平井及注水高压区的井、气探井储备60t以上）。对日常处理钻井液消耗的加重材料要及时补充	
13	油罐区		目视	①油料储备10d以上	
14	防洪物质区		目视	①5月15日前，配齐草袋子500条、铁锹20把、十字镐5把、防洪防汛专用电泵1台、手电筒20把、防渗布5张	

续表

序号	检查项目（部位）	图示	检查方法	检查项点	检查结果（检查结果正常用"√"，存在问题用"×"）
15	生活区			①蔬菜储存不少于7d，干菜储备不少于15d，米、面、油储存不少于15d	

第五节　用电 HSE 检查表

钻井队现场电器设备设施较多，用电安全检查包括安装检查、电气设备日常检查、电气设备专项检查等21项检查内容。用电 HSE 检查表见表5-8。

表5-8　用电 HSE 检查表

序号	检查项目（部位）	图示	检查方法	检查项点
1	人员资质			①电工必须持有电工作业资格证。②资格证在有效期内
2	电气线路			① VFD房、MCC房、SCR房、发电房等出线端接线桩绝缘防护板齐全

续表

序号	检查项目(部位)	图示	检查方法	检查项点
3	电气线路		看	①电线在穿越易受机械损伤、介质腐蚀场所时应设置防护套管；与其他设备摩擦时应加垫防护
4			看	①电缆线不得浸泡在水、油和钻井液中
5			看	①电线绝缘防护无龟裂、无老化
6			看	①发电机等房体引出线应有保护措施，雨水不能沿导线侵入房内和接线桩

续表

序号	检查项目（部位）	图示	检查方法	检查项点
7	电气线路		👁	①井场电线不得横跨主体设备、油罐等
8	设备设施		👁✋	①灯具安装牢固，无松动，有防坠措施
9			👁	①电气设备外壳应无尘土、油垢。②设备周围无妨碍安全运行的杂物和易燃物品
10			👁✋	①发电房应设置两盏应急照明灯。②灯泡亮度正常。③测试时，工作正常
11			👁✋	①机房照明灯具距底座面≥1.8m

续表

序号	检查项目（部位）	图示	检查方法	检查项点
12	设备设施		看	①电器设备控制开关绝缘壳（绝缘板、绝缘手柄）完好，无缺失或损坏。②指示灯正常
13			看	①开关扳动灵活。②电源、电气设备控制开关应标示控制对象。③安全插销完好
14			看	①一个控制开关只能控制1台用电设备
15	配电控制		看	①电控箱门关闭，防爆箱门固定螺栓齐全
16			看	①人员长时间离开房间应断开电源
17			看	①配电箱、开关箱内无杂物

续表

序号	检查项目（部位）	图示	检查方法	检查项点
18	安全防护			①发电房、SCR电控房、MCC房等配备有绝缘手套。②控制柜前铺设绝缘胶垫
19	安全防护			①营房装设额定动作电流≤30MA、额定漏电动作时间<0.1s的漏电保护器。②测试正常
20	安全防护			①开关箱应设置断路器（熔断器）和漏电保护器
21	安全防护			①清洗机等用电设备配备了适合的漏电保护器
22	接地保护			电器设备接地电阻≤4Ω，其他接地电阻≤10Ω，防静电接地电阻≤30Ω

续表

序号	检查项目（部位）	图示	检查方法	检查项点
23			目视	①油罐区设置了单独的静电释放接地桩，油罐基脚接地螺栓与其连接牢靠，并预留油罐车防静电专用连接线
24	接地保护		目视	①不得在保护导体PE回路中装设保护电器和开关，但允许设置只有工具才能断开的连接点
25			目视	①电气装置的"壳"（即外露可导电部分）不得用作保护导体的串联过渡点
26			目视	①钻台、井架、底座上安装的电器和灯具应具有防爆功能
27	电气防爆		目视	①井场电缆线T接分支和续接出线应在防爆分线盒内
28			目视	①电线一般不允许有中间接头。如果使用中因电缆损坏，需要中间接头，应对中间接头进行环氧树脂密封和热缩管保护处理或采用防爆接线盒

续表

序号	检查项目（部位）	图示	检查方法	检查项点
29	电气防爆		👁	油罐体3m以内必须采用防爆电器设备设施
30			👁	①油料房、氧气乙炔房、化工房、钳工房房内电气设备设施必须符合防爆要求
31			👁	①电控箱格兰完好，密封堵头齐全。 ②防爆灯进线口密封良好
32			👁	①司控房房内电气柜、台等采取正压防爆型，施工期间，运行正常